GEHAKTBAL KOOKBOEK

100 ZELFGEMAAKTE GEHAKTBALRECEPTEN

Tobias Kok

Alle rechten voorbehouden.

Vrijwaring

De informatie in dit eBook is bedoeld als een uitgebreide verzameling strategieën waar de auteur van dit eBook onderzoek naar heeft gedaan. Samenvattingen, strategieën, tips en trucs zijn slechts aanbevelingen van de auteur, en het lezen van dit eBook garandeert niet dat iemands resultaten exact de resultaten van de auteur zullen weerspiegelen. De auteur van het eBook heeft alle redelijke inspanningen geleverd om actuele en nauwkeurige informatie aan de lezers van het eBook te verstrekken. De auteur en zijn medewerkers kunnen niet aansprakelijk worden gesteld voor eventuele onopzettelijke fouten of weglatingen. Het materiaal in het eBook kan informatie van derden bevatten. Materiaal van derden bestaat uit de meningen van de eigenaren ervan. Als zodanig aanvaardt de auteur van het eBook geen verantwoordelijkheid of aansprakelijkheid voor materiaal of meningen van derden. Of het nu komt door de vooruitgang van het internet, of door de onvoorziene veranderingen in het bedrijfsbeleid en de redactionele indieningsrichtlijnen, wat op het moment van dit schrijven als feit wordt vermeld, kan later achterhaald of niet van toepassing zijn.

Op het eBook rust copyright © 2024, alle rechten voorbehouden. Het is illegaal om dit eBook geheel of gedeeltelijk te herdistribueren, kopiëren of er afgeleid werk van te maken. Geen enkel deel van dit rapport mag worden gereproduceerd of opnieuw verzonden in welke vorm dan ook zonder de schriftelijke, uitdrukkelijke en ondertekende toestemming van de auteur.

INHOUDSOPGAVE

INHOUDSOPGAVE **4**

INVOERING **8**

VEGANISCHE GEHAKBALLEN **11**

    1. TOFU-BALLETJES 12
    2. VEGANISTISCHE GEHAKTBAL-EENPANSPASTA 15
    3. OVENGEBAKKEN VEGANISTISCHE GEHAKTBALLETJES 18
    4. VLEESLOZE GEHAKTBALLETJES 21
    5. VEGETARISCHE GEHAKTBALLETJES 24
    6. CITROEN OREGANO GEHAKTBALLETJES 27
    7. LINZEN GEHAKTBALLETJES 30
    8. COPYCAT IKEA GROENTEBALLETJES 32
    9. QUINOA-GEHAKTBALLETJES 35
    10. PITTIGE KIKKERERWTEN GEHAKTBALLETJES 38
    11. V EGANISTISCHE CHAMPIGNON GEHAKTBALLETJES 41
    12. SPAGHETTI MET GROENTEN EN GEHAKTBALLETJES 45
    13. VEGETARISCHE BAL SUB 48

LAM GEVLEESBALLEN **51**

    14. MAROKKAANSE GEHAKTBALLETJES 52
    15. PERZISCHE LAMSGEHAKTBALLETJES 55
    16. HONGAARSE GEHAKTBALLETJES 58
    17. LAMSGEHAKTBALLETJES UIT HET MIDDEN-OOSTEN 61
    18. EGYPTISCHE KEFTA 63

WILD VLEES GEHAKBALLEN **65**

    19. KOREAANSE GEHAKTBALLETJES 66
    20. HERTENGEHAKTBALLENSOEP 69
    21. ELANDENCOCKTAIL GEHAKTBALLETJES 72

RUNDVLEESBALLEN **75**

22. Een herfstgehaktballetje..........76
23. Gehaktbal stroganoff..........79
24. Caribisch gebied gehaktballetjes..........82
25. Curry gehaktballetjes..........86
26. Franse uiengehaktballetjes..........89
27. Esdoorn Gehaktballetjes..........91
28. Gehaktbal herderspastei..........94
29. S- paghetti gehaktbaltaart..........97
30. Sappig Aziatische gehaktballetjes..........100
31. Gehaktballetjes en spaghettisaus..........103
32. Gehaktballetjes met noedels in yoghurt..........106
33. Stracciatelle met gehaktballetjes..........109
34. Gehaktbal en raviolisoep..........112
35. Bulgaarse gehaktballensoep..........115
36. Vleesballetjes en knakworstjes..........118
37. Manhattan-gehaktballetjes..........121
38. Vietnamese gehaktballetjes..........124
39. Zweedse gehaktbalhapjes..........126
40. Afghaanse kofta..........129
41. Polynesische gehaktballetjes..........131
42. Griekse gehaktballetjes..........134
43. Schotse gehaktballetjes..........136
44. Hawaiiaanse gehaktballetjes..........139
45. Oekraïense eetballetjes "bitki"..........142
46. Russische vleesballetjes..........145
47. Mediterrane gehaktballetjes..........148
48. Griekse vleesballetjes..........151
49. Makkelijke Zweedse gehaktballetjes..........153
50. Stoofpotje met gehaktballetjes uit Ghana..........156
51. Gehaktballetjes uit het Verre Oosten..........159
52. Libanese gehaktballetjes..........162
53. Kantonese vleesballetjes..........165
54. Feestelijke cocktailgehaktballetjes..........168
55. Cranberrycocktail-gehaktballetjes..........171

56. Wijn Gehaktballetjes...174
57. Chuletas..177
58. Chafing Dish feestgehaktballetjes......................179
59. Warme gehaktballetjes....................................182
60. Gehaktbal-aubergine subs.................................184
61. Broodjes met gehaktbalhelden...........................187
62. Gehaktbal-aubergine subs.................................190
63. Mexicaanse tortilla-gehaktballensoep..................193
64. Citroenachtige gehaktballensoep.......................196
65. Mediterrane gevulde gehaktballetjes..................199
66. Met olijven gevulde gehaktballetjes...................202
67. Zuurkool balletjes..205
68. Italiaanse stoofpot van gehaktballetjes...............208
69. Bulgaarse gehaktballensoep..............................211
70. Oosterse gehaktbalsalade.................................214
71. In spek gewikkelde gehaktballetjes....................217

VARKENS- EN RUNDVLEESMENG.............................219

72. Gehaktballetjes in roomsaus..............................220
73. Sopa of albondigas..223
74. Chipotle Voorgerecht Gehaktballetjes.................226
75. Californische gehaktballetjes en paprika............229
76. Duitse gehaktballetjes.....................................232
77. Scandinavische gehaktballetjes.........................235
78. Belgische gehaktballetjes gestoofd in bier.............238

KALKOEN & KIPPENGEHAKBALLEN............................241

79. Gebakken rigatoni en gehaktballetjes..................242
80. Gebakken penne met kalkoengehaktballetjes..........245
81. Gehaktballetjes en kortere macaroni...................248
82. Noorse kippengehaktballetjes............................251
83. Kalkoengehaktbalspaghetti...............................254
84. Franse gehaktballetjes.....................................257
85. Kalkoen en vulling van gehaktballetjes.................260

86. Met kaas gevulde gehaktballetjes..........................263
87. Kipsalade balletjes..266

VARKENSGEHAKBALLEN..268

88. Mozzarellabeignets en spaghetti...........................269
89. Welsh gegrilde gehaktballetjes.............................272
90. Krokante Duitse gehaktballetjes...........................276
91. Mexicaanse gehaktballetjes..................................279
92. M eet balletjes in druivengelei..............................282
93. Pittige Thaise gehaktballetjes met noedels.............285
94. Aziatische gehaktballensoep..................................288
95. Broodje Italiaanse gehaktbal..................................291
96. Deense gehaktballetjes..294
97. Indonesische gehaktballetjes.................................296
98. Hamburgerballetjes met yams................................299
99. Gembergehaktbal en waterkerssoep......................302
100. Deense gehaktballetjes met komkommersalade.....305

CONCLUSIE..308

INVOERING

Een gehaktbal is een voedingsmiddel dat zichzelf definieert: het is letterlijk een balletje vlees. Maar voordat u klontjes rundergehakt in een koekenpan gaat scheppen en uw trieste diner 'gehaktballetjes' gaat noemen, laten we een stapje terug doen.

Leer hoe je thuis gemakkelijk gehaktballen maakt en kook ze zo dat ze van buiten perfect bruin zijn, maar nog steeds sappig van binnen. Hier zijn enkele trucs en tips voor perfecte gehaktballen:

Het gemalen vlees

Je kunt elk gehakt of een mix van gehakt gebruiken die je lekker vindt. De favoriet van de fans is een mix van rundergehakt en varkensvlees. Lamsgehakt, kalkoen, kip, kalfsvlees of buffel zijn ook allemaal eerlijk wild.

Broodkruimel- en melkbindmiddel

Een truc om ervoor te zorgen dat gehaktballetjes helemaal gaar zijn als ze eenmaal gaar zijn, is door een bindmiddel te gebruiken. Dit bindmiddel helpt vocht aan de gehaktballetjes toe te voegen en voorkomt bovendien dat de vleeseiwitten krimpen en taai worden.

Vermijd overbelasting van het vlees

Een andere truc om gehaktballetjes mals te maken is om het vlees niet te zwaar te maken; meng het vlees met het bindmiddel en andere **ingrediënten** gewoon totdat ze gecombineerd zijn.

Roosteren versus sudderen van de gehaktballetjes

Je hebt twee opties: roosteren of laten sudderen in een saus. Roosteren is de beste optie als u de gehaktballetjes in iets anders dan een saus wilt serveren of als u van plan bent de gehaktballetjes in te vriezen voor later. Roosteren geeft de gehaktballetjes ook iets meer smaak, omdat de buitenkant schroeit in de hitte van de oven.

Als je de gehaktballetjes met een saus wilt serveren, kun je de gehaktballetjes ook samen met de saus koken. Door dit zachte sudderen worden niet alleen de meest malse en smaakvolle gehaktballetjes gemaakt die je ooit hebt gehad, maar de saus wordt daarbij ook rijker en hartiger.

VEGANISCHE GEHAKBALLEN

1. Tofu-balletjes

Ingrediënten :

- 6 kopjes water; kokend
- 5 kopjes tofu; verkruimeld
- 1 kopje volkoren broodkruimels
- ¼ kopje Tamari
- ¼ kopje Voedingsgist
- ¼ kopje pindakaas
- Eiervervanger voor 1 ei
- ½ kopje ui; fijn gesneden
- 4 Knoflookteentjes; ingedrukt
- 1 theelepel Tijm
- 1 theelepel Basilicum
- ¼ theelepel Selderijzaad
- ¼ theelepel Kruidnagel; grond

Routebeschrijving:

a) Laat alles behalve 1 kopje van de verkruimelde tofu in het kokende water vallen. Pers de tofu .

b) Voeg de resterende toe Voeg de ingrediënten toe aan de geperste tofu en meng goed .

c) Vorm de Meng het mengsel in balletjes ter grootte van een walnoot en plaats ze op een goed geoliede bakplaat.

d) Bak op 350 graden gedurende 20-25 minuten of tot de ballen stevig en bruin zijn. Draai ze indien nodig een keer om tijdens het bakken.

2. Veganistische gehaktbal-eenpanspasta

Ingrediënten :

- 250 g bloemkoolroosjes, gekookt
- 200 g bevroren gehakte spinazie, ontdooid
- 400 g blik zwarte bonen, uitgelekt
- 2 teentjes knoflook, geperst of geraspt
- 2 theelepels sojasaus
- 1 theelepel gemengde gedroogde kruiden
- 150 g haver
- saus

Routebeschrijving:

a) Kook de bloemkoolroosjes in een pan met kokend water .

b) Rasp de bloemkool in een kom en voeg dan de spinazie, bonen, knoflook, sojasaus en gemengde kruiden toe. Meng het mengsel met een aardappelstamper tot een grove pasta.

c) Meng de haver tot een fijn poeder , voeg het toe aan de kom en meng om te combineren. Rol het mengsel in balletjes .

d) Bak de groenteballetjes in porties goudbruin . Giet de saus in de pan en schik de gedroogde pasta erop. Bakken

3. Ovengebakken veganistische gehaktballetjes

Ingrediënten :

- 1 eetlepel gemalen lijnzaad
- 1/4 kop + 3 eetlepels groentebouillon
- 1 grote ui, geschild en in vieren gesneden
- 2 teentjes knoflook, gepeld
- 12 oz (0,75 lb) / 340 gram Impossible Burger plantaardig vlees
- 1 kopje broodkruimels
- 1/2 kopje veganistische Parmezaanse kaas
- 2 eetlepels verse peterselie, fijngehakt
- Zout en peper naar smaak
- Bakoliespray (bij koken op de kookplaat)

Routebeschrijving:

a) Voeg ui en knoflook toe aan een keukenmachine en maal tot puree.

b) Voeg in een grote mengkom het vlasei, 1/4 kopje groentebouillon, gepureerde ui en knoflook, Impossible Burger-plantenvlees, broodkruimels, veganistische Parmezaanse kaas, peterselie en een snufje zout en peper toe. Meng goed om te combineren.

c) Vorm van het vegan gehaktballenmengsel 32 balletjes.

d) Leg de veganistische gehaktballetjes op de bakplaat en bak ze ongeveer 10 minuten in de oven, of tot ze goudbruin zijn.

4. Vleesloze Gehaktballetjes

Ingrediënten :

- 1 eetlepel olijfolie
- 1 pond verse witte champignons
- 1 snufje zout
- 1 eetlepel boter
- ½ kopje fijngehakte ui
- 4 teentjes knoflook, fijngehakt
- ½ kopje snelkokende haver
- 1 ounce zeer fijn geraspte Parmigiano
- ½ kopje broodkruimels
- ¼ kopje gehakte platte (Italiaanse) peterselie
- 2 eieren, verdeeld
- 1 theelepel zout
- versgemalen zwarte peper naar smaak
- 1 snufje cayennepeper, of naar smaak
- 1 snufje gedroogde oregano
- 3 kopjes pastasaus
- 1 eetlepel zeer fijn geraspte Parmigiano
- 1 eetlepel gehakte platte (Italiaanse) peterselie, of naar smaak

Routebeschrijving:

a) Verhit olijfolie in een koekenpan op middelhoog vuur. Voeg champignons toe aan de hete olie, bestrooi met zout en kook en roer tot de vloeistof uit de champignons is verdampt.

b) Roer de boter door de champignons, zet het vuur middelhoog en kook en roer de champignons tot ze goudbruin zijn, ongeveer 5 minuten

5. Vegetarische Gehaktballetjes

Ingrediënten :

- 1 kopje gedroogde linzen (of 2 1/2 kopjes gekookt)
- 1/4 kopje olijfolie
- 1 kleine ui, ongeveer 1 kopje gehakt
- 8 oz Cremini-paddenstoelen
- 3 teentjes knoflook, fijngehakt
- 1 1/2 kopje Panko-broodkruimels
- Snuf Italiaanse kruiden en cayennepeper
- 2 1/2 theelepels Zout, verdeeld
- 2 eieren
- 1 Kopje parmezaanse kaas

Routebeschrijving:

a) Meng in een grote kom de tomatenhelften samen met 1 theelepel Italiaanse kruiden, 1 theelepel zout en 1/4 kopje olijfolie.

b) Pureer de champignons in een keukenmachine tot ze ongeveer zo groot zijn als erwten.

c) Als de olie heet is, voeg je de ui toe en bak je deze ongeveer 3 minuten, tot hij glazig is. Voeg de knoflook en de gepulseerde champignons toe en bak .

d) Meng in een grote kom het champignon-linzenmengsel samen met panko-broodkruimels en kruiden. Ballen vormen en bakken.

6. Citroen Oregano Gehaktballetjes

Ingrediënten :

- 1 eetlepel gemalen lijnzaad
- 1 eetlepel olijfolie, plus extra
- 1 kleine gele ui en 3 teentjes knoflook
- Snufje oregano, uienpoeder, tamari
- ½ theelepel gemalen chilipepers
- zeezout en gemalen zwarte peper, naar smaak
- 1 ½ eetlepel citroensap en -rasp
- 1 kop walnoothelften
- ¾ kopje gerolde haver
- 1 ½ kopjes gekookte witte bonen
- ¼ kopje verse peterselie en ¼ kopje verse dille

Routebeschrijving:

a) Meng het gemalen vlas en water in een kleine kom. Fruit de uien en voeg de knoflook en oregano toe.

b) Voeg de edelgist, chili, uienpoeder, zout en peper toe aan de pan en roer ongeveer 30 seconden. Giet hun citroensap erbij.

c) Pulseer de walnoten, bonen en haver tot je een grove maaltijd hebt. Voeg het vlasgelmengsel, het gebakken ui- en knoflookmengsel, tamari, citroenschil, peterselie, dille en grote snufjes zout en peper toe.

d) Rol er een bal van en bak de gehaktballetjes gedurende 25 minuten.

7. Linzen Gehaktballetjes

Ingrediënten :

- 1 gele ui fijngesneden
- 1 grote wortel geschild en in blokjes gesneden
- 4 teentjes knoflook fijngehakt
- 2 kopjes gekookte groene linzen (ongeveer 3/4 kopje droog) of 2 kopjes uit blik
- 2 eetlepels tomatenpuree
- 1 theelepel oregano
- 1 theelepel gedroogde basilicum
- 1/4 kopje voedingsgist
- 1 theelepel zeezout
- 1 kop pompoenpitten

Routebeschrijving:

a) Vorm een bal
b) Bakken

8. Copycat Ikea groenteballetjes

Ingrediënten :

- 1 blik kikkererwten (ingeblikt) 400 g / 14 oz
- 1 kopje bevroren spinazie
- 3 Wortelen (middelgroot)
- ½ Paprika
- ½ kopje suikermaïs (ingeblikt)
- 1 kop Groene erwten
- 1 ui (middelgroot)
- 3 teentjes knoflook
- 1 kopje havermeel
- 1 eetlepel olijfolie
- Kruiden

Routebeschrijving:

a) Voeg alle groenten toe aan een keukenmachine en pulseer tot ze fijngehakt zijn. Kok .

b) Voeg nu de bevroren, maar ontdooide of verse spinazie, de gedroogde salie en de gedroogde peterselie toe. Meng en kook gedurende 1-2 minuten.

c) Voeg de kikkererwten uit blik en Pulse toe tot ze gecombineerd zijn.

d) Om groenteballetjes te maken, schep je een bal als een ijsje en vormde het vervolgens met de handen af.

e) Leg de balletjes op bakpapier of bakplaat. Bak ze 20 minuten tot ze een knapperig korstje hebben.

9. Quinoa-gehaktballetjes

Ingrediënten :

- 2 kopjes gekookte quinoa
- ¼ kopje Parmezaanse kaas, geraspt
- ¼ kopje Asiago-kaas, geraspt
- ¼ kopje verse basilicum, fijngehakt
- 2 eetlepels verse koriander, fijngehakt
- 1 theelepel verse oregano, fijngehakt
- ½ theelepel verse tijm
- 3 kleine knoflookhandschoenen, fijngehakt
- 1 groot ei
- 2 grote snufjes koosjer zout
- ½ theelepel zwarte peper
- ¼ kopje Italiaans gekruid broodkruimels
- 1 snufje tot ¼ theelepel gemalen rode pepervlokken

Routebeschrijving:

a) Meng alle **ingrediënten** in een grote kom. Giet een beetje olijfolie in de voorverwarmde koekenpan.

b) Vorm een gehaktbal die iets kleiner is dan een golfbal en plaats de gehaktbal in de koekenpan, beginnend in het midden. .

c) Bak in een koekenpan of doe het op een omrande bakplaat en bak in de voorverwarmde oven gedurende 25 minuten.

10. Pittige Kikkererwten Gehaktballetjes

Ingrediënten :

- 1 eetlepel lijnzaadmeel
- 14 ounce blik kikkererwten, uitgelekt en gespoeld
- 1 1/2 kopjes gekookte farro
- 1/4 kopje ouderwetse haver
- 2 teentjes knoflook, geperst
- 1 theelepel fijn geraspte gemberwortel
- 1/2 theelepel zout
- 1 eetlepel hete chili-sesamolie
- 1 eetlepel sriracha

Routebeschrijving:

a) Verwarm je oven voor op 400 graden Fahrenheit. Bekleed een bakvorm met folie en zet de hulp in.

b) Combineer het lijnzaadmeel met 3 eetlepels water; roer en laat 5 minuten rusten.

c) Doe de kikkererwten, farro, haver, knoflook, gember, zout, sesamolie en sriracha in de kom van een grote keukenmachine of blender. Giet het rustende vlasmengsel ("vlasei") erbij en pulseer tot de **ingrediënten** net zijn gemengd.

d) Rol het mengsel in balletjes van één eetlepel en bak .

11. Veganistische Champignon Gehaktballetjes

Ingrediënten :

- 1 eetlepel gemalen lijnzaad
- 3 eetlepels water
- 4 ons baby bella-paddenstoel
- ½ kopje in blokjes gesneden ui
- 1 eetlepel olijfolie verdeeld
- ¼ theelepel zout
- 1 eetlepel sojasaus
- 1 eetlepel Italiaanse kruiden
- 1 blik (15 ons) kikkererwten uitgelekt
- 1 kopje gewoon broodkruim
- 1 eetlepel edelgist
- 1 theelepel Worcestershiresaus

Routebeschrijving:

a) Snijd de champignons grof en snipper de ui.

b) Verhit 1 eetlepel olijfolie in een middelgrote pan op middelhoog vuur. Voeg zodra het warm is de champignons en de ui toe en bestrooi met $\frac{1}{4}$ theelepel zout. Bak gedurende 5 minuten, of tot de champignons zacht zijn.

c) Voeg de sojasaus en Italiaanse kruiden toe en kook nog een minuut.

d) Combineer kikkererwten, vlasei, paneermeel, edelgist, worcestersaus en gebakken ui en champignons in een keukenmachine met een standaard mesopzetstuk. Puls tot het grotendeels is afgebroken. Er moeten nog enkele kleine stukjes kikkererwt of paddenstoel aanwezig zijn.

e) Gebruik schone handen om het gehaktballenmengsel in 12 balletjes van ongeveer pingpongformaat te rollen.

f) Bak gedurende 30 minuten in een oven van 350 graden .

12. Spaghetti met groenten en gehaktballetjes

Ingrediënt

- 3 Ui
- ½ pond Champignons - in plakjes gesneden
- 4 eetlepels Olijfolie
- 1 blik Tomaten
- 1 blik Tomatenpuree
- 1 Stengel bleekselderij fijngehakt
- 3 Wortelen geraspt
- 6 eetlepels Boter
- 3 Eieren geslagen
- 1½ kopje Matzo-maaltijd
- 2 kopjes Gekookte groene erwten
- 1 theelepel zout en ¼ theelepel peper
- 1 pond Spaghetti, gekookt
- Geraspte Zwitserse kaas

Routebeschrijving:

a) Kook de in blokjes gesneden uien en champignons in de olie gedurende 10 minuten. Voeg de tomaten, tomatenpuree en oregano toe. Dek af en kook op laag vuur gedurende 1 uur. Juiste kruiden.

b) Kook de gehakte uien, selderij en wortels in de helft van de boter gedurende 15 minuten. Koel. Voeg de eieren, 1 kopje matzo-maaltijd, de erwten, zout en peper toe.

c) Rol kleine balletjes en dompel ze in de resterende matzo-maaltijd.

13. Vegetarische bal sub

Ingrediënt

- 1 kopje Tvp-korrels
- 1 kopje kokend water
- ½ kopje broodkruimels
- ¼ kopje Volkorenmeel
- ½ theelepel zout
- ¼ theelepel Cayennepeper
- 1 theelepel Salie
- ½ theelepel Venkel
- 1 theelepel Oregano
- ½ theelepel knoflookpoeder
- ½ theelepel Tijm
- 1 theelepel olijfolie
- 4 Onderzeebootrollen (individueel)
- 1 kop spaghettisaus, opgewarmd
- 2 middelgrote groene paprika's, geroosterd

Routebeschrijving:

a) Combineer TVP en kokend water en laat staan totdat het water is opgenomen, ongeveer 5 minuten. Voeg paneermeel, bloem, zout, cayennepeper, salie, venkel, oregano, knoflook en tijm toe. Goed mengen.

b) Vorm het TVP-mengsel in 12 balletjes. Wrijf olijfolie op de handpalmen en rol elke bal in je handen om ze te bedekken. Plaats op een licht geoliede bakplaat en rooster tot ze bruin is, 10 minuten.

c) Plaats drie balletjes in elke rol en bedek met saus en paprika.

LAM GEVLEESBALLEN

14. Marokkaanse gehaktballetjes

Ingrediënt

- 1 pond Gemalen lamsvlees
- 1 theelepel zout, ¼ theelepel peper
- 2 eetlepels Gedroogde uien
- 1½ kopje water of gestoofde tomaten
- 3 eetlepels Zoete boter
- ½ kopje gedroogde en gepureerde uien
- ¾ theelepel gember, ¼ theelepel peper
- ¼ theelepel kurkuma, 1 snufje saffraan
- 1 eetlepel Gehakte peterselie
- Komijn, 2 theelepels paprika
- Cayenne
- ¼ theelepel komijn
- 1 theelepel paprikapoeder
- ½ kopje Gehakte peterselie
- 1 Citroensap

Routebeschrijving:

a) Meng alle **ingrediënten** voor het vlees. Kneed goed en vorm balletjes van 1 inch.

b) SAUS: Doe alle **ingrediënten** in een koekenpan, behalve de citroen. Voeg $1\frac{1}{2}$ kopje water toe en breng aan de kook.

c) Zet het deksel lager en laat 15 minuten sudderen. Voeg gehaktballetjes toe en laat 30 minuten sudderen. Voeg citroensap toe en serveer meteen op een verwarmde schaal met veel Marokkaans brood.

15. Perzische lamsgehaktballetjes

Opbrengst: 7 porties

Ingrediënt

- ¾ kopje Bulgaarse tarwe, fijngemalen
- 2 kopjes kokend water
- 2 pond Lamsstoofvlees, fijngemalen
- ½ kopje Fijngehakte gele ui
- ½ kopje Pijnboompitten
- 3 eetlepels olijfolie
- 2 Eieren, geslagen
- 1 theelepel Gemalen koriander
- 2 theelepels Gemalen komijn
- 3 eetlepels Citroensap
- 2 eetlepels Gemalen verse dille
- 1 eetlepel Gehakte verse munt
- ½ theelepel zout
- Gemalen peper naar smaak

Routebeschrijving:

a) Laat de bulgar in een kleine kom een half uur in het kokende water weken. Goed laten uitlekken.

b) Meng in een grote kom de gehaktbalingrediënten, inclusief de uitgelekte bulgar, en meng zeer goed.

c) Vorm balletjes van 1-$\frac{1}{2}$ inch en plaats ze op een bakplaat.

d) Bak 20 minuten in een voorverwarmde oven van 3750F, of tot ze net gaar zijn.

16. Hongaarse gehaktballetjes

Ingrediënt

- Lamsgehaktballetjes
- 1 eetlepel plantaardige olie
- 2 Uien; Dun gesneden
- ¾ kopje water
- ¾ kopje rode wijn; Droog
- 1 theelepel karwijzaad
- 2 theelepels Paprikapoeder
- ½ theelepel marjoleinblaadjes
- ½ theelepel zout
- ¼ kopje water
- 2 eetlepels bloem; Ongebleekt

Routebeschrijving:

a) Verhit de olie in een grote koekenpan. Voeg de uien toe en kook en roer tot ze gaar zijn. Voeg de gekookte gehaktballetjes, $\frac{3}{4}$ kopje water, de wijn, karwijzaad, paprika, marjoleinblaadjes en zout toe.

b) Verwarm tot het kookt, zet het vuur lager en dek af. Laat ongeveer 30 minuten sudderen, af en toe roeren. Meng $\frac{1}{4}$ kopje water en de bloem en roer dit door het sausmengsel. Verwarm tot het kookpunt, roer voorzichtig. Kook en roer gedurende 1 minuut.

17. Lamsgehaktballetjes uit het Midden-Oosten

Ingrediënt

- 1½ pond Gemalen lamsvlees
- ½ kopje ui; gehakt
- ½ kopje verse peterselie; gehakt
- 3 eetlepels bloem
- 3 eetlepels Rode wijn; (of water)
- 1½ theelepel zout
- ½ theelepel Versgemalen peper
- ½ theelepel piment
- ¼ theelepel kaneel
- ¼ theelepel Cayennepeper

Routebeschrijving:

a) Combineer **de ingrediënten**, meng goed en vorm er 18 gehaktballetjes van.

b) Plaats ongeveer 10 tot 15 cm boven gloeiende kolen of rooster ongeveer 10 cm van het vuur gedurende 15 tot 20 minuten, vaak draaiend, of totdat het lamsvlees gaar is.

18. Egyptische kefta

Ingrediënt

- 1 pond gemalen lamsvlees
- 1 theelepel Zout
- ½ theelepel Grof gemalen peper
- Waterkers Gehakt
- platte peterselie

Routebeschrijving:

a) Combineer vlees, zout en peper, vorm in ovalen van 5 of 6 10 cm.

b) Rijg de spiesjes aan de spiesen en gril ze in 5 minuten bruin, draai ze om en gril de andere kant. Serveer op een bedje van waterkers. Bestrooi rijkelijk met gehakte peterselie. Begeleiden met pitabroodje.

WILD VLEES GEHAKBALLEN

19. Koreaanse gehaktballetjes

Ingrediënt

- 1 pond Gemalen wild zwijn
- 2 eetlepels sojasaus
- 1 scheutje Peper
- 1 Teentje knoflook; gehakt
- 1 Groene ui; gehakt
- 1 eetlepel geroosterde sesamzaadjes
- ½ kopje bloem
- 1 Ei; opgeklopt met 1 eetlepel water
- 2 eetlepels Saladeolie
- 4 eetlepels sojasaus
- 4 eetlepels Azijn
- 2 theelepels Honing of stevig verpakte bruine suiker
- 1 scheutje vloeibare hete peperkruiden
- 2 theelepels Geroosterde sesamzaadjes of fijngehakte groene ui

Routebeschrijving:

a) Meng in een kom het gemalen wilde zwijn, de sojasaus, de peper, de knoflook, de groene ui en de sesamzaadjes. Vorm balletjes van het vlees.

b) Haal ze elk door de bloem, dompel ze in het eimengsel en nogmaals in de bloem. Verhit olie in een zware koekenpan op middelhoog vuur. Kook grondig. Serveer met dipsaus.

20. Hertengehaktballensoep

Ingrediënt

- ½ pond Mager hertenvlees of lamsvlees,
- Twee keer aarden
- ½ kopje gekookte rijst
- ¼ kopje Fijngesneden ui
- ¼ kopje Fijngehakte peterselie
- 2 blikjes Gecondenseerde kippenbouillon
- (elk 10-1/2 ounces)
- 2 blikjes Water
- ⅓ kopje Citroensap
- 2 Eieren
- Zout peper

Routebeschrijving:

a) Combineer de eerste vier **Ingrediënten**. Vorm balletjes van ¾ inch. Verwarm de bouillon en het water tot het kookpunt.

b) Gehaktballetjes toevoegen; laat 15 tot 20 minuten sudderen. Klop in een soepterrine het citroensap en de eieren tot een gladde massa.

c) Voeg geleidelijk hete bouillon toe. Voeg als laatste gehaktballetjes toe. Breng op smaak met zout, peper.

21. Elandencocktail gehaktballetjes

Ingrediënt

- 2 pond Gemalen elandenvlees
- 1 elk ei, licht geslagen
- ½ theelepel Peper
- 1 kop Fijne broodkruimels
- 1 theelepel zout
- ½ kopje melk
- 2 theelepels Geraspte ui
- 2½ kopje ananassap
- ¼ kopje bloem
- 1-2 theelepels bakvet
- 1 kopje barbecuesaus

Routebeschrijving

a) Meng vlees, kruimels, ei, zout, peper, melk, peper en ui; Vorm er kleine gehaktballetjes van. Bruin in heet bakvet. Meng ananassap, barbecuesaus en bloem. Voeg de gehaktballetjes toe aan de saus.

b) Bak in een braadpan gedurende anderhalf uur op 350 graden. Kan warm of koud geserveerd worden op tandenstokers.

RUNDVLEESBALLEN

22. Een herfstgehaktballetje

Porties: 6

Ingrediënten :

- 1 - 24 oz. zak rundergehaktballetjes ($\frac{1}{2}$ oz.), in tweeën gesneden

- 2 grote uien, gesneden of gehakt

- 5 appels, geschild, klokhuis verwijderd en in vieren gesneden

- 1-1/2 kopjes bruine suiker

- 1/2 kopje appelsap

- Optionele **ingrediënten** voor garnering: gedroogde veenbessen, granaatappel of appels

Routebeschrijving:

a) Verwarm de oven voor op 350 ° F. Combineer alle ingrediënten in een braadpan van 4 liter, dek af en bak 1-1/2 - 1-3/4 uur of tot de uien zacht zijn.

b) Roer af en toe tijdens het koken. Als u een crockpot gebruikt, kook dan gedurende 3 uur op de hoogste stand.

c) Serveersuggestie: Serveer met gebakken eikelpompoen of gekookte rijst.

d) Garneer met gedroogde veenbessen, granaatappelpitjes of appelschijfjes.

23. Gehaktbal stroganoff

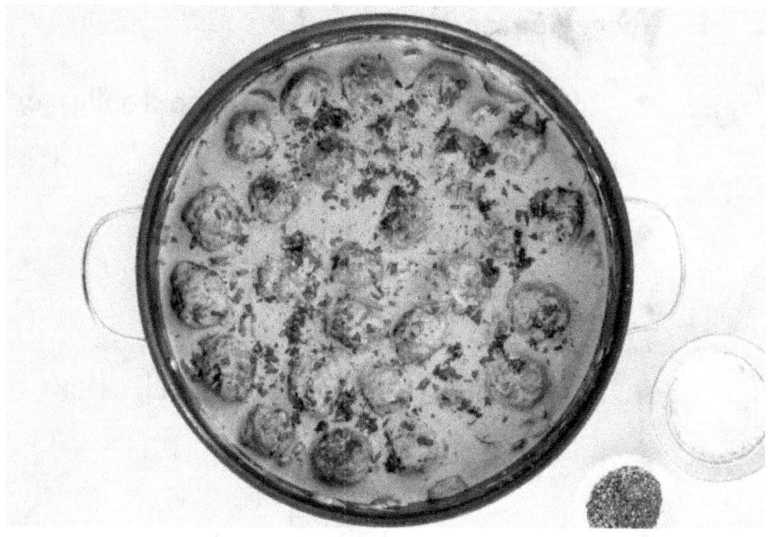

Porties: 6

Ingrediënten :

- 1/2 - 24 oz. zakje rundergehaktballetjes , ontdooid
- 10 oz. crème van kippensoep
- 1/2 kop kippenbouillon of water
- 10 oz. gesneden champignons, uitgelekt
- 1/2 kopje zure room
- brede eiernoedels, gekookt
- verse dille, gehakt

Routebeschrijving:

a) Ontdooi de gehaktballetjes in de magnetron 2 - 3 minuten.

b) Doe de soep en de bouillon in een grote pan en verwarm onder voortdurend roeren.

c) Voeg gehaktballetjes en champignons toe, dek af en laat 10 minuten op laag vuur sudderen. Voeg zure room toe en verwarm, zonder te koken.

d) Schep de noedels erover en bestrooi met dillekruid.

24. Caribisch gebied gehaktballetjes

Porties: 6 - 8

Ingrediënten :

- 1 - 24 oz. zak rundergehaktballetjes
- 1 eetlepel plantaardige olie
- 1 teentje knoflook, fijngehakt
- 1 groene en rode paprika, grof gesneden
- 1 - 14 oz. kan ananasstukjes
- 2 eetlepels maizena
- 1/3 kopje suiker
- 1/3 kopje azijn
- 1 eetlepel sojasaus
- 1/2 kop cashewnoten (optioneel)
- 1/4 kopje kokosnoot, geroosterd (optioneel)

Routebeschrijving:

a) Koekenpanmethode: Ontdooi de gehaktballetjes gedeeltelijk in de magnetron gedurende 1 minuut. Snij elke gehaktbal in 3 plakjes. Verhit olie in een grote koekenpan. Voeg knoflook en paprika toe en roerbak 2 minuten.

b) Voeg de gehaktballetjes toe, dek af en kook op middelhoog vuur gedurende 10 minuten tot de gehaktballetjes warm zijn. Giet de ananas af en bewaar het sap in een kleine kom.

c) Combineer ananassap, maizena, suiker, azijn en sojasaus. Giet het gehaktbalmengsel erover en kook, onder voortdurend roeren, tot de saus is ingedikt.

d) Ananasstukjes en cashewnoten erdoor roeren. Garneer eventueel met geroosterde kokosnoot.

e) Crockpot-methode: Laat de ananas uitlekken en bewaar het sap. Doe de bevroren gehaktballetjes, ananassap, peper, knoflook, maïzena, suiker, azijn en sojasaus in de crockpot en kook 8 uur op laag (of 4 uur op hoog).

f) Voeg voor het serveren ananasstukjes en cashewnoten toe en garneer met geroosterde kokosnoot.

25. Curry gehaktballetjes

Porties: 10-12

Ingrediënten :

- 1 - 20 oz. zak rundergehaktballetjes
- 1/4 kop gele ui, in blokjes gesneden
- 1 blikje volle kokosmelk
- 1 kopje kippenbouillon
- 4 theelepels kerriepoeder
- 1 theelepel garam masala
- 1 theelepel gemalen gember
- sap van 1 limoen
- 1/2 kopje koriander, gehakt
- Sambal Oelek chilipasta (optioneel)
- rode pepervlokken

Routebeschrijving:

a) Smelt kokosmelk en olie in een grote koekenpan; Voeg de in blokjes gesneden uien toe en laat ze 3 tot 4 minuten koken.

b) Meng de overige **ingrediënten** voor de saus en voeg deze toe aan de gehaktballetjes, roer goed door elkaar.

c) Dek de pan af en laat sudderen tot de gehaktballetjes gaar zijn.

d) Bestrooi vlak voor het serveren met rode pepervlokken. Zorg voor chilipasta aan de zijkant voor extra warmte.

26. Franse uiengehaktballetjes

Porties: 10-12

Ingrediënten :

- 1 - 26 oz. zak rundvlees
- 1 pakje droge uiensoepmix
- 1 blikje champignonroomsoep
- 1 blik romige uiensoep of Franse uiensoep
- 1 blikje water

Routebeschrijving:

a) Plaats de gehaktballetjes in de slowcooker uit de vriezer.

b) Klop in een middelgrote kom het soepmengsel, de ingeblikte soep en het water door elkaar. Giet over de gehaktballetjes en roer.

c) Kook op laag vuur gedurende ongeveer 4 tot 6 uur OF op hoog vuur gedurende ongeveer 2 tot 3 uur, af en toe roeren.

d) Serveer over eiernoedels of als aperitief met tandenstokers.

27. Esdoorn Gehaktballetjes

Porties: 5-6

Ingrediënten :

- 1 - 26 oz. zak rundergehaktballetjes
- 1/2 kopje echte ahornsiroop
- 1/2 kopje chilisaus
- 2 theelepels gedroogde bieslook (of 2 eetlepels verse bieslook)
- 1 eetlepel sojasaus
- 1/2 theelepel gemalen mosterd

Routebeschrijving:

a) Meng in een pan de ahornsiroop, chilisaus, bieslook, sojasaus en gemalen mosterd.

b) Breng aan de kook. Voeg de gehaktballetjes toe aan de pan en breng weer aan de kook.

c) Laat het op middelhoog vuur gedurende 8-10 minuten sudderen, af en toe roeren tot de gehaktballetjes goed verhit zijn.

d) Serveer als aperitief met tandenstokers of over hete gekookte rijst.

28. Gehaktbal herderspastei

Porties: 6

Ingrediënten :

- 1 - 26 oz. zak rundergehaktballetjes
- 1 - 12 oz. pot bereide rundvleesjus
- 1 - 16 oz. zak bevroren gemengde groenten (genoeg ontdooid om uit elkaar te vallen)
- 1 doosje zure room & bieslook aardappelpuree (bevat 2 zakjes)
- 1/2 kopje geraspte Parmezaanse kaas

Routebeschrijving:

a) Verwarm de oven voor op 350 ° F. Ontdooi de gehaktballetjes in de magnetron gedurende 1 minuut. Snijd elke gehaktbal doormidden.

b) Meng in een grote kom de gehalveerde gehaktballetjes, de jus en de bevroren gemengde groenten. Giet het mengsel in een ingevette ovenschaal van 9 x 13 inch.

c) Bereid beide zakjes zure room- en bieslookaardappelen voor en voeg melk, heet water en boter toe volgens de **aanwijzingen op de verpakking** .

d) Verdeel de bereide aardappelen over het gehaktballenmengsel.

e) Bestrooi de aardappelen met Parmezaanse kaas en bak ze 20-25 minuten.

29. S- paghetti gehaktbaltaart

Porties: 4-6

Ingrediënten :

- 1 - 26 oz. zak rundvlees Gehaktballetjes
- 1/4 kop gehakte groene paprika
- 1/2 kopje gehakte ui
- 1 - 8 oz. pakketspaghetti
- 2 eieren, lichtgeklopt
- 1/2 kop geraspte Parmezaanse kaas
- 1-1/4 kopjes geraspte mozzarellakaas
- 26 oz. pot dikke spaghettisaus

Routebeschrijving:

a) Verwarm de oven voor op 375°C. Fruit de paprika en uien tot ze zacht zijn, ongeveer 10 minuten. Opzij zetten.

b) Kook de spaghetti, laat ze uitlekken, spoel ze af met koud water en dep ze droog. Doe in een grote mengkom.

c) Voeg eieren en Parmezaanse kaas toe en roer om te combineren. Druk het mengsel in de bodem van een bespoten 22 cm taartplaat. Top met 3/4 kop geraspte mozzarellakaas. Ontdooi de bevroren gehaktballetjes in de magnetron gedurende 2 minuten.

d) Snijd elke gehaktbal doormidden. Leg de gehaktbalhelften over het kaasmengsel. Combineer spaghettisaus met gekookte paprika en uien.

e) Schep er een gehaktballaag overheen. Dek losjes af met folie en bak gedurende 20 minuten.

f) Haal het uit de oven en strooi 1/2 kop mozzarellakaas over het spaghettisausmengsel.

g) Blijf nog 10 minuten onafgedekt bakken tot het bubbelt. Snijd in punten en serveer.

30. Sappig Aziatische gehaktballetjes

Porties: 10-12

Ingrediënten :

- 1 - 20 oz. zak rundvlees Gehaktballetjes
- 2/3 kopje hoisinsaus
- 1/4 kopje rijstazijn
- 2 teentjes knoflook, fijngehakt
- 2 eetlepels sojasaus
- 1 theelepel sesamolie
- 1 theelepel gemalen gember
- 1/4 kopje teriyaki-glazuur
- 1/4 kop bruine suiker
- sesamzaadjes, optioneel

Routebeschrijving:

a) Verwarm de oven voor en bak de gehaktballetjes volgens de instructies op de verpakking. Opzij zetten.

b) Terwijl de gehaktballetjes bakken, klop je alle sausingrediënten in een kom tot ze goed gemengd zijn.

c) Zodra de gehaktballetjes klaar zijn met koken, kunt u elke gehaktbal afzonderlijk (met een tandenstoker) in het sausmengsel dopen, of u kunt de saus over de gehaktballetjes gieten en ze voorzichtig roeren tot ze bedekt zijn met het sausmengsel.

d) Serveer over rijst en garneer met peultjes en geroosterde rode paprikareepjes als voorgerecht of als aperitief met tandenstokers.

31. Gehaktballetjes en spaghettisaus

Ingrediënt

- 1 kopje Gehaktballetjes
- ¼ theelepel Zout
- ¼ theelepel Grond zwarte peper
- ½ kopje Geraspte Parmezaanse kaas
- 1 pond Mager rundergehakt
- 1 eetlepel Olijfolie
- 2 Uien gehakt
- 4 Geplette teentjes knoflook of
- 2 Gehakte knoflook
- 14 ons Kan Tomatensaus
- ½ kopje Rode wijn (optioneel)
- 1 Zoete groene peper
- 1 theelepel Gedroogde bladbasilicum
- ½ theelepel Blad oregano

Routebeschrijving:

a) Vorm gehaktballetjes van 1 inch. Voeg toe aan de kookspaghettisaus.

b) Verhit olie in een grote pan op middelhoog vuur. Voeg uien en knoflook toe. bak gedurende 2 minuten. Voeg resterende ingrediënten toe . Dek af en breng aan de kook, vaak roerend.

c) Zet vervolgens het vuur lager en laat sudderen, vaak roerend gedurende minstens 15 minuten.

32. Gehaktballetjes met noedels in yoghurt

Ingrediënt

- 2 pond Gehakt
- Snufje cayennepeper, kurkuma, koriander en kaneel
- Zout & Zwarte peper
- 2 Teentjes knoflook
- 1 eetlepel Plantaardige olie
- 1 Spaanse ui
- 6 rijpe pruimtomaatjes - kern,
- 4 Zongedroogde tomaten
- Noedels

Routebeschrijving:

a) Meng in een kom het rundvlees, kaneel, koriander, kurkuma, cayennepeper, zout, peper en de helft van de knoflook.

b) Meng met schone handen grondig en vorm het vlees vervolgens in gehaktballetjes van ¾ inch. Zet ze opzij.

c) in een grote braadpan , voeg de ui toe en voeg de gehaktballetjes toe. Kook en draai ze vaak .

d) Voeg de pruimtomaatjes en de resterende knoflook toe. Voeg de zongedroogde tomaten, zout en peper toe en kook het mengsel gedurende 5 minuten op laag vuur, een of twee keer roerend.

e) Voor de noedels: Breng een grote pan water aan de kook. Voeg de noedels toe en kook .

f) Roer de yoghurt, knoflook en zout erdoor. Meng grondig en doe het in 6 brede kommen.

33. Stracciatelle met gehaktballetjes

Ingrediënt

- 1 kwart Kippen bouillon
- 2 kopjes Water
- ½ kopje Pastina
- 1 theelepel Verse peterselie, gehakt
- ½ pond Mager rundergehakt
- 1 Ei
- 2 theelepels Op smaak gebrachte broodkruimels
- 1 theelepel Geraspte kaas
- 1 Wortel, dun gesneden
- ½ pond Spinazie, alleen de bladgroente
- Gedeeltelijk julienne
- 2 theelepels Verse peterselie, gehakt
- 1 klein Ui, gehakt
- 2 Eieren
- Geraspte kaas

Routebeschrijving:

a) **soepingrediënten** in een soeppan en breng aan de kook. Meng de vleesingrediënten **in** een kom, veel kleine gehaktballetjes en doe ze in het kokende bouillonmengsel.

b) Klop in een kleine kom 2 eieren. Roer met een houten lepel de soep door terwijl je langzaam de eieren erin laat vallen, voortdurend roerend. Haal van het vuur. Dek af en laat 2 minuten staan.

c) Serveer met geraspte kaas.

34. Gehaktbal en raviolisoep

Ingrediënt

- 1 eetlepel olijfolie of slaolie
- 1 grote ui; fijn gesneden
- 1 Teentje knoflook; gehakt
- 28 ons ingeblikte tomaten; gehakt
- ¼ kopje Tomatenpuree
- 13¾ ounce runderbouillon
- ½ kopje Droge rode wijn
- Snufje gedroogde basilicum, tijm en oregano
- 12 ons Ravioli; kaas gevuld
- ¼ kopje peterselie; gehakt
- Parmezaanse kaas; geraspt
- 1 ei
- ¼ kopje Zachte broodkruimels
- ¾ theelepel uienzout
- 1 teentje knoflook; gehakt
- 1 pond Mager rundergehakt

Routebeschrijving:

a) Bak de gehaktballetjes voorzichtig bruin in verwarmde olie.

b) Meng de ui en knoflook erdoor en kook ongeveer 5 minuten, maar zorg ervoor dat u de gehaktballetjes niet kapot maakt. Voeg tomaten en hun vloeistof, tomatenpuree, bouillon, wijn, water, suiker, basilicum, tijm en oregano toe. Voeg ravioli toe

35. Bulgaarse gehaktballensoep

Opbrengst: 8 porties

Ingrediënt

- 1 pond Gehakt
- 6 eetlepels Rijst
- 1 theelepel paprikapoeder
- 1 theelepel Gedroogd bonenkruid
- Zout peper
- Meel
- 6 kopjes water
- 2 Rundvleesbouillonblokjes
- ½ Bosje groene uien; gesneden
- 1 Groene paprika; gehakt
- 2 Wortels; geschild, dun gesneden
- 3 Tomaten; geschild en gehakt
- 1 sm. gele pepers, gespleten
- ½ Bosje peterselie; gehakt
- 1 Ei

- 1 Citroen (alleen sap)

Routebeschrijving:

a) Combineer rundvlees, rijst, paprika en bonenkruid. Breng op smaak met zout en peper. Meng licht maar grondig. Vorm balletjes van 1 inch.

b) Combineer water, bouillonblokjes, 1 eetlepel zout, 1 theelepel peper, groene uien, groene paprika, wortels en tomaten in een grote ketel.

c) Dek af, breng aan de kook, zet het vuur lager en laat 30 minuten sudderen.

36. Vleesballetjes en knakworstjes

Ingrediënt

- 1 pond Gehakt
- 1 Ei, licht geslagen
- ¼ kopje broodkruimels, droog
- 1 middelgrote ui, geraspt
- 1 eetlepel zout
- ¾ kopje chilisaus
- ¼ kopje Druivengelei
- 2 eetlepels Citroensap
- 1 kopje Frankfurters

Routebeschrijving:

a) Combineer rundvlees, ei, kruimels, ui en zout. Vorm er kleine balletjes van. Combineer de chilisaus, druivengelei, citroensap en water in een grote koekenpan.

b) Warmte; voeg gehaktballetjes toe en laat sudderen tot het vlees gaar is.

c) Vlak voor het serveren de franken toevoegen en doorwarmen.

37. Manhattan-gehaktballetjes

Ingrediënt

- 2 pond Mager rundergehakt
- 2 kopjes Zachte broodkruimels
- ½ kopje Gehakte ui
- 2 Eieren
- 2 eetlepels Gehakte verse peterselie
- 1 theelepel zout
- 2 eetlepels margarine
- 1 Kan; (10 oz.) Kraft-abrikozenconserven
- ½ kopje Kraft-barbecuesaus

Routebeschrijving:

a) Meng vlees, kruimels, ui, eieren, peterselie en zout. Vorm gehaktballetjes van 1 inch.

b) Verwarm de oven tot 350 graden. Bruine gehaktballetjes in margarine in een grote koekenpan op middelhoog vuur; droogleggen. Plaats in een ovenschaal van 13 x 9 inch.

c) Roer de conserven en barbecuesaus door elkaar; gehaktballetjes erover gieten. Bak 30 minuten. , af en toe roeren.

38. Vietnamese gehaktballetjes

Ingrediënt

- 1½ pond mager rundergehakt
- 1 Teentje knoflook, geplet
- 1 Eiwit
- 1 eetlepel Sherry
- 2 eetlepels sojasaus
- ½ theelepel vloeibare rook
- 2 eetlepels vissaus
- 1 snufje suiker
- 1 Zout en witte peper
- 2 eetlepels maïszetmeel
- 1 eetlepel sesamolie

Routebeschrijving:

a) Meng het mengsel met een mixer of keukenmachine tot het zeer glad is.

b) Vorm kleine gehaktballetjes op een spies (ongeveer zes gehaktballetjes per spies).

c) Rooster tot in de perfectie.

39. Zweedse gehaktbalhapjes

Ingrediënt

- 2 eetlepels bakolie
- 1 pond Gehakt
- 1 ei
- 1 kopje Zachte broodkruimels
- 1 theelepel bruine suiker
- ½ theelepel zout
- ¼ theelepel Peper
- ¼ theelepel gember
- ¼ theelepel gemalen kruidnagel
- ¼ theelepel Nootmuskaat
- ¼ theelepel kaneel
- ⅔ kopje Melk
- 1 kopje zure room
- ½ theelepel zout

Routebeschrijving:

a) Verhit bakolie in de koekenpan. Meng alle resterende ingrediënten , behalve zure room en ½ theelepel zout.

b) Vorm vleesballetjes ter grootte van een aperitief (ongeveer 2,5 cm in diameter). Bak ze aan alle kanten bruin in bakolie tot ze volledig gaar zijn.

c) Haal uit de pan en laat uitlekken op keukenpapier. Giet overtollig vet af en laat de pan iets afkoelen. Voeg een kleine hoeveelheid zure room toe om het bruin te kloppen en roer. Voeg vervolgens de resterende zure room en ½ theelepel zout toe, roer tot een mengsel.

40. Afghaanse kofta

Ingrediënt

- 1 Ui fijngehakt
- 1 Groene paprika fijngehakt
- 1 pond Rundergehakt
- 1 theelepel teentje knoflook fijngehakt
- ½ theelepel Gemalen korianderzaad
- Zout en peper naar smaak

Routebeschrijving:

a) Kneed het rundvlees, de ui, de paprika, de knoflook en zout en peper door elkaar.

b) Laat 30 minuten staan om de smaken te mengen. Vorm er 16 ovale balletjes van.

c) Rijg 4 aan spiesjes, afwisselend met een kwart ui, een kwart groene paprika en een kerstomaatje aan elke spies. Grill ongeveer 5 minuten tot ze bruin zijn, draai en gril de andere kant.

41. Polynesische gehaktballetjes

Ingrediënt

- 1 Opgeklopt ei
- $\frac{1}{4}$ kopje Fijne, droge broodkruimels
- 2 eetlepels verse koriander, geknipt
- 2 Teentjes knoflook, fijngehakt
- $\frac{1}{8}$ theelepel Gemalen rode peper
- $\frac{1}{4}$ theelepel zout
- 1 pond Mager rundergehakt
- $\frac{1}{4}$ kopje pinda's, fijngehakt
- Verse ananasjunkies of 1
- 20 Oz blik ananasstukjes, uitgelekt
- $1\frac{1}{4}$ kopje zoetzure saus

Routebeschrijving:

a) Meng in een middelgrote kom het ei, het paneermeel, de koriander, de knoflook, de rode peper en het zout. Voeg pinda's en rundvlees toe. Goed mengen.

b) Vorm gehaktballetjes van 2,5 cm. Plaats ze in een ondiepe ovenschaal en bak ze 20 minuten op 350°C of tot ze niet meer roze zijn.

c) Haal uit de oven en laat uitlekken. (Om vooruit te maken, laat u de gehaktballetjes afkoelen en laat u ze maximaal 48 uur in de koelkast staan.) Leg een gehaktbal en een stuk ananas op een spies en doe ze terug in de ovenschaal.

42. Griekse gehaktballetjes

Ingrediënt

- 1 pond Hamburger
- 4 sneetjes Bevochtigd brood
- 1 kleine ui gehakt of geraspt
- $\frac{1}{2}$ theelepel Oregano
- 1 losgeklopt ei Zout en peper naar smaak

Routebeschrijving:

a) Meng alle **ingrediënten** door elkaar. Maak er kleine balletjes van en rol ze door de bloem tot ze helemaal bedekt zijn. Bak in een pan met $\frac{1}{8}$ inch plantaardige olie.

b) Bak aan één kant en draai dan om. Voeg indien nodig olie toe. Verhit olie tot middelhoog vuur. Moet ongeveer 20 gehaktballetjes opleveren.

43. Schotse gehaktballetjes

Ingrediënt

- 1 pond Mager rundergehakt
- 1 ei, lichtgeklopt
- 3 eetlepels bloem
- ¼ theelepel Versgemalen zwarte peper
- 3 eetlepels Gehakte ui
- 3 eetlepels Plantaardige olie
- ⅓ kopje kippenbouillon
- 1 8-ounce blikje gemalen ananas, uitgelekt
- 1½ eetlepel maizena
- 3 eetlepels sojasaus
- 3 eetlepels gewone rode wijnazijn
- 2 eetlepels Water
- ¼ kopje Schotse whisky
- ⅓ kopje kippenbouillon
- ½ kopje in blokjes gesneden groene paprika

Routebeschrijving:

a) Combineer de eerste zes **Ingrediënten**. Vorm er voorzichtig balletjes van met een diameter van ongeveer 1 inch.

b) Bruin alles in olie in een koekenpan van 25 cm.

c) Maak ondertussen de volgende Schotse saus.

d) Voeg gehaktballetjes en groene paprika toe. Kook nog ongeveer 10 minuten zachtjes. Serveer met rijst.

44. Hawaiiaanse gehaktballetjes

Ingrediënt

- 2 pond Gehakt
- ⅔ kopje Graham crackerkruimels
- ⅓ kopje Gehakte ui
- ¼ theelepel gember
- 1 theelepel zout
- 1 ei
- ¼ kopje melk
- 2 eetlepels maizena
- ½ kopje bruine suiker
- ⅓ kopje azijn
- 1 eetlepel sojasaus
- ⅓ kopje Gehakte groene paprika
- 13½ ounce blikje gemalen ananas

Routebeschrijving:

a) Meng rundergehakt, crackerkruimels, ui, gember, zout, ei en melk en maak er balletjes van 2,5 cm doorsnee. Bruin en plaats in een ovenschaal.

b) Meng maizena, bruine suiker, azijn, sojasaus en groene peper. Kook op middelhoog vuur tot het dikker wordt. Voeg gemalen ananas plus sap toe.

c) Verwarm en giet het over de gehaktballetjes. Goed doorwarmen en serveren.

45. Oekraïense eetballetjes "bitki"

Ingrediënt

- 1½ pond champignons vers of
- ¼ pond gedroogde paddenstoelen
- 2 pond Rundvlees chuck zonder bot grond
- 3 Uien groot fijngesneden
- ½ kopje Boter of margarine
- 1 elk teentje knoflook fijngehakt
- 1 kopje bloem
- 2 eetlepels Broodkruimels

Routebeschrijving:

a) Meng de ⅓ van de uien, het vlees, het paneermeel, zout en peper en de knoflook. Vorm balletjes van dit mengsel ca. 2 "in diameter. Maak deze ballen plat en bagger ze in bloem en bruin ze aan beide kanten in boter.

b) Week champignons in koud water als je gedroogde paddenstoelen gebruikt. Kook gedurende 30 minuten, giet af en bewaar de bouillon. Fruit het ui-champignonmengsel in boter.

c) Doe de overgebleven gesnipperde uien als laag in een grote pan , doe ½ van het gekookte uien-champignonmengsel op deze laag ongekookte gesnipperde ui.

d) Plaats de bitki bovenop deze laag en bedek met het resterende uien-champignonmengsel.

46. Russische vleesballetjes

Ingrediënt

- 1 pond Gehakt
- 1 pond Gemalen kalfsvlees
- ½ kopje Gehakte ui
- ¼ kopje Gesmolten niervet
- 2 plakjes Break, gedrenkt in melk, drooggeperst
- 2 theelepels Zout
- Grondpeper
- Fijne broodkruimels
- Boter of rundervet
- 2 kopjes Zure room
- ½ pond Gesneden champignons, gebakken

Routebeschrijving:

a) Kook de ui in gesmolten niervet tot hij verwelkt is. Meng rundvlees, kalfsvlees, ui, brood, zout en een beetje peper. Goed kneden en afkoelen.

b) Maak je handen nat en vorm er balletjes van ter grootte van gouden balletjes. Rol de kruimels erdoor en bak ze in boter of rundervet tot ze rondom bruin zijn. Verwijder en houd warm.

c) Voeg zure room en champignons toe aan de pan. Warmte. Giet de saus over het vlees.

47. Mediterrane gehaktballetjes

Ingrediënt

- 1 pond Rundergehakt, verkruimeld
- 3 eetlepels Ongekruid droog broodkruimels
- 1 groot ei
- 1 theelepel gedroogde peterselievlokken
- 2 eetlepels margarine
- ¼ theelepel knoflookpoeder
- ½ theelepel Gedroogde muntblaadjes, geplet
- ¼ theelepel Gedroogde rozemarijnblaadjes, geplet
- ¼ theelepel Peper
- 1 theelepel gedroogde peterselievlokken

Routebeschrijving:

a) Combineer alle gehaktbalingrediënten in een middelgrote kom. Vorm van het mengsel 12 gehaktballetjes.

b) Doe de margarine, knoflookpoeder en peterselie in een 1-kopje.

c) Magnetron op Hoog gedurende 45 seconden tot 1 minuut, of tot de boter smelt.

d) Doop de gehaktballetjes in het margarinemengsel om ze af te dekken en plaats ze op een braadrek.

e) Magnetron op de hoogste stand gedurende 15 tot 18 minuten, of tot de gehaktballetjes stevig zijn en niet langer roze in het midden, draai het rek en herschik de gehaktballetjes twee keer tijdens de kooktijd. Indien gewenst serveren met warme gekookte rijst of couscous.

48. Griekse vleesballetjes

Ingrediënt

- 1½ pond Gemalen ronde biefstuk
- 2 eieren; licht geslagen
- ½ kopje broodkruimels; fijn, zacht
- 2 middelgrote uien; fijn gesneden
- 2 eetlepels peterselie; vers, gehakt
- 1 eetlepel munt; vers, gehakt
- ¼ theelepel kaneel
- ¼ theelepel piment
- Zout en versgemalen peper
- Inkorten voor frituren

Routebeschrijving:

a) Combineer alle **ingrediënten** behalve het bakvet en meng grondig.

b) Zet enkele uren in de koelkast. Vorm er kleine balletjes van en bak ze in het gesmolten bakvet. Heet opdienen.

49. Makkelijke Zweedse gehaktballetjes

Ingrediënt

- 2 pond Gehakt
- 1 Ui, geraspt
- ½ kopje broodkruimels
- scheutje zout, peper
- 1 theelepel Worcestershiresaus
- 2 eieren, geslagen
- 4 eetlepels Boter
- 2 kopjes bouillon of consomme
- 4 eetlepels bloem
- ¼ kopje Sherry

Routebeschrijving:

a) Meng de eerste zes **ingrediënten** en vorm er kleine balletjes van. Bruin in boter.

b) Voeg de bouillon toe, dek de pan af en laat 15 minuten koken. Haal de gehaktballetjes eruit, houd ze warm.

c) Maak de jus dikker met de bloem vermengd met een beetje koud water. Kook 5 minuten, voeg sherry toe. Gehaktballetjes in jus opwarmen.

50. Stoofpotje met gehaktballetjes uit Ghana

Ingrediënt

- 2 pond Gehakt
- 1 theelepel citroensap
- 1 groot ei; Enigszins geslagen
- 1 kop uien; Fijn gesneden
- 1 theelepel zout, 1 theelepel zwarte peper
- 1 scheutje knoflookpoeder
- 1 theelepel gemalen nootmuskaat
- 1½ eetlepel bloem voor alle doeleinden
- ½ kopje bakolie
- 1 middelgrote ui; Gesneden
- 1 kop Tomatensaus
- 1 middelgrote tomaat; Geschild en in plakjes gesneden
- 1 groene paprika; Gesneden

Routebeschrijving:

a) Meng in een grote mengkom het rundergehakt met malsmaker, citroensap, ei, uien, zout, peper, knoflook en nootmuskaat naar keuze.

b) Vorm ongeveer een dozijn eetlepels balletjes van het gekruide rundvlees.

c) Verhit ondertussen de olie in een grote koekenpan op middelhoog vuur. Bak alle kanten van de gehaktballetjes gelijkmatig bruin terwijl u een metalen lepel gebruikt om te keren.

d) Om de jus te bereiden, doe je de resterende olie in een grote, schone koekenpan en bak je alle resterende bloem bruin. Voeg uien, tomatensaus, gesneden tomaat en groene paprika toe.

e) Voeg de gereserveerde gebruinde vleesballetjes toe, dek af en zet het vuur lager om te laten sudderen.

51. Gehaktballetjes uit het Verre Oosten

Ingrediënt

- 1 blikje Spam boterhamworst; (12 oz)
- ⅔ kopje Droge broodkruimels
- ½ kopje Gehakte, goed gedraineerde taugé
- ¼ kopje Gehakte groene uien
- ¼ theelepel Gemberpoeder
- Vers gemalen zwarte peper; proeven
- Cocktailprikkers

Dipsaus

- 1 kopje Tomatensap
- ¼ kopje Fijngehakte groene paprika
- ⅓ kopje Fijngehakte groene uien
- ¼ theelepel Gemalen gember

Routebeschrijving:

a) Combineer gemalen Spam met broodkruimels, taugé, ui, gember en peper.

b) Vorm van het mengsel 24 balletjes. Plaats op een rooster in een ondiepe bakvorm; bak in een oven van 425 graden gedurende 15 minuten. Koel tot kamertemperatuur.

c) Prik de gehaktballetjes op cocktailprikkers en dip ze in de hete dipsaus uit het Verre Oosten.

d) Dipsaus uit het Verre Oosten: Meng alle ingrediënten in een kleine pan . Aan de kook brengen; laat sudderen, onafgedekt, 5 minuten. Heet opdienen.

52. Libanese gehaktballetjes

Ingrediënt

- ½ kopje Gehakte ui
- 3 eetlepels Boter
- 1 pond Gehakt
- 1 ei, geslagen
- 2 sneetjes brood gedrenkt in 1/2 c. melk
- 1 theelepel zout
- ⅛ theelepel Peper
- 1 kopje Droge broodkruimels
- 2 kopjes gewone yoghurt

a) Bereiding: Fruit de ui in 1 eetlepel boter tot hij transparant is.

b) Iets afkoelen. Meng met vlees, ei, brood en kruiden. Vorm er balletjes van 1¼ inch van en rol ze door droog broodkruim. Bruin langzaam in de resterende 2 eetlepels boter. Giet alles af, behalve 2 eetlepels vet.

c) Schep voorzichtig yoghurt over en rond de gehaktbal. Laat 20 minuten sudderen. Serveer warm met rijst of tarwepilaf.

53. Kantonese vleesballetjes

Ingrediënt

- 1 pond Gehakt
- ¼ kopje Gehakte uien
- 1 theelepel zout
- 1 theelepel Peper
- ½ kopje melk
- ¼ kopje suiker
- 1½ eetlepel maizena
- 1 kopje ananassap
- ¼ kopje azijn
- 1 theelepel sojasaus
- 1 eetlepel boter
- 1 kop Gesneden bleekselderij
- ½ kopje Gesneden paprika
- ½ kopje geschaafde amandelen, gebakken

Routebeschrijving:

a) Vorm 20 kleine gehaktballetjes van gecombineerd rundvlees, uien, zout, peper en melk.

b) Combineer suiker en maizena; meng de vloeistoffen erdoor en voeg boter toe.

c) Kook op laag vuur tot het helder is, onder voortdurend roeren.

d) Groenten toevoegen en 5 minuten zachtjes verwarmen.

e) Leg de gehaktballetjes op een bedje van gekookte rijst, giet de saus erover en bestrooi met amandelen.

54. Feestelijke cocktailgehaktballetjes

Ingrediënt

- 1½ pond Rundergehakt
- 1 kop MINUUT Rijst
- 1 blik (8oz) Geplette ananas op sap
- ½ kopje Wortel [fijn versnipperd]
- ½ kopje ui [gehakt]
- 1 ei [geslagen]
- 1 theelepel gember [gemalen]
- 8 ons Franse dressing
- 2 eetlepels sojasaus

Routebeschrijving:

a) Meng alle **ingrediënten** behalve de laatste 2 in een kom en vorm er balletjes van 2,5 cm dik.

b) Leg ze op ingevette bakplaten en bak ze in de voorverwarmde oven.

c) Meng de sojasaus en de dressing door elkaar.

d) Serveer de gehaktballetjes warm met de dressing.

55. Cranberrycocktail-gehaktballetjes

Ingrediënt

- 2 pond Chuck, grond
- 2 eieren
- ⅓ kopje Ketchup
- 2 eetlepels sojasaus
- ¼ theelepel Peper
- 12 ons chilisaus
- 1 eetlepel Citroensap
- 1 kopje cornflakes, kruimels
- ⅓ kopje Peterselie, vers, gehakt
- 2 eetlepels ui, groen en gehakt
- 1 elk teentje knoflook, geperst
- 16 ons cranberrysaus
- 1 eetlepel bruine suiker

Routebeschrijving:

a) Combineer de eerste 9 **ingrediënten** een grote kom; goed roeren. Vorm het vleesmengsel in balletjes van 1 inch.

b) Plaats in een niet-ingevette jellyroll-pan van 15x10x1. Bak onafgedekt op 500F gedurende 8 - 10 minuten.

c) Laat de gehaktballetjes uitlekken, doe ze in een komfoor en houd ze warm.

d) Combineer de cranberrysaus met de resterende **ingrediënten** in een pan. Kook op middelhoog vuur tot het bruist, af en toe roeren; gehaktballetjes erover gieten. Serveer warm.

56. Wijn Gehaktballetjes

Ingrediënt

- 1½ pond Chuck, gemalen
- ¼ kopje Paneermeel, gekruid
- 1 middelgrote ui; gehakt
- 2 theelepels Mierikswortel, bereid
- 2 teentjes knoflook; verpletterd
- ¾ kopje Tomatensap
- 2 theelepels Zout
- ¼ theelepel Peper
- 2 eetlepels margarine
- 1 middelgrote ui; gehakt
- 2 eetlepels bloem, universeel
- 1½ kopje runderbouillon
- ½ kopje Wijn, droog rood
- 2 eetlepels suiker, bruin
- 2 eetlepels ketchup
- 1 eetlepel Citroensap
- 3 Pepers; verkruimeld

Routebeschrijving:

a) Combineer de eerste 8 ingrediënten en meng goed. Vorm balletjes van 1 "; plaats ze in een ovenschaal van 13x9x2". Bak op 450 graden gedurende 20 minuten. Haal het uit de oven en laat het overtollige vet weglopen.

b) Margarine erbij verwarmen een grote koekenpan; bak de ui tot ze gaar is. Meng de bloem; Voeg geleidelijk runderbouillon toe, onder voortdurend roeren. Voeg resterende ingrediënten toe .

c) Kook op laag vuur 15 minuten; voeg gehaktballetjes toe en laat 5 minuten sudderen.

57. Chuletas

Ingrediënt

- 2 pond Rundergehakt
- 2 kopjes Takjes peterselie; Gehakt
- 3 Gele ui; Gehakt
- 2 eieren ; lichtjes geslagen
- 1 eetlepel Zout
- ½ kopje Parmezaanse kaas; Vers geraspt
- ½ theelepel Tabasco-saus
- 1 theelepel Zwarte peper
- 3 kopjes Droge broodkruimels
- Olijfolie

Routebeschrijving:

a) Meng alle **ingrediënten** behalve de kruimels. Vorm er kleine balletjes van cocktailformaat van.

b) Rol balletjes door paneermeel. Chill goed. Bak in olijfolie drie tot vier minuten. Breng over naar een komfoor. Serveer met je favoriete salsa als dipsaus. Maakt ongeveer 15 per pond rundergehakt.

58. Chafing Dish feestgehaktballetjes

Ingrediënt

- 1 pond Gehakt
- ½ kopje Fijne droge broodkruimels
- ⅓ kopje ui; gehakt
- ¼ kopje melk
- 1 Ei; geslagen
- 1 eetlepel verse peterselie; gehakt
- 1 theelepel zout
- ½ theelepel Zwarte peper
- 1 eetlepel Worcestershiresaus
- ¼ kopje plantaardig bakvet
- 1 fles chilisaus van 12 oz
- 1 pot van 10 oz druivengelei

Routebeschrijving:

a) Vorm gehaktballetjes van 2,5 cm. Bak ze in een elektrische koekenpan in heet bakvet op middelhoog vuur gedurende 10-15 minuten of tot ze bruin zijn. Laat ze uitlekken op keukenpapier.

b) Combineer chilisaus en druivengelei in een middelgrote pan (of dezelfde elektrische koekenpan); goed roeren. Voeg de gehaktballetjes toe en laat 30 minuten op laag vuur koken, af en toe roeren.

c) Serveer met tandenstokers uit een komfoor om ze warm te houden

59. Warme gehaktballetjes

Ingrediënt

- 26 ons spaghettisaus; verdeeld
- ½ kopje verse broodkruimels
- 1 kleine ui; fijn gesneden
- ¼ kopje geraspte Parmezaanse kaas of Romano-kaas
- 1 Ei
- 1 theelepel gedroogde peterselievlokken
- 1 theelepel knoflookpoeder
- 1 pond Gehakt
- 4 Italiaanse sandwichbroodjes

Routebeschrijving:

a) Combineer alles.

60. Gehaktbal-aubergine subs

Ingrediënt

- 1 pond Mager rundergehakt
- 14 ons Basilicum Gekruide Spaghettisaus; 1 pot
- 1 middelgrote aubergine
- 4½ eetlepel Olijfolie; Verdeeld
- 1 middelgrote rode ui
- ¼ pond champignons
- 4 Stokbrood; 6-8 inch lang
- 4 ons Provolone-kaas; 4 plakjes

Routebeschrijving:

a) Snijd de aubergine in steaks van ½ tot ¾ inch en leg ze op een bord, bestrooi ze met zout en laat ze 30 minuten uitlekken.

b) Vorm het gehakt in twaalf gehaktballetjes met een diameter van 1½ inch. Kook ze in een pan op laag vuur en draai ze regelmatig om, zodat ze gelijkmatig bruin worden en niet blijven plakken. voeg de spaghettisaus toe. Laat het geheel sudderen om er zeker van te zijn dat de gehaktballetjes goed gaar zijn.

c) Verhit 3 eetlepels olijfolie en bak de aubergine zachtjes op middelhoog vuur.

d) Bestrooi met zout en peper naar smaak.

e) Kook 4 minuten en voeg dan de champignons toe.

f) Snijd de baguettes in de lengte door en beleg de onderste stukken brood met een dun laagje auberginesteaks en bedek met 3 gehaktballetjes.

g) Schep er een royale hoeveelheid van de extra spaghettisauzen op en verdeel de uien en champignons ruim over de gehaktballetjes.

61. Broodjes met gehaktbalhelden

Ingrediënt

- Plantaardige oliespray met antiaanbaklaag
- 1½ pond Mager rundergehakt
- ½ kopje geraspte Parmezaanse kaas
- 2 eieren
- ¼ kopje Gehakte verse peterselie
- ¼ kopje gemalen cornflakes
- 3 teentjes knoflook; gehakt
- 2½ theelepel gedroogde oregano
- ½ theelepel Gemalen witte peper
- ½ theelepel zout
- 3 kopjes Gekochte marinarasaus
- 6 Lange Italiaanse of Franse broodjes; in de lengte gespleten, geroosterd
- 6 Porties

Routebeschrijving:

a) Een klassiek broodje dat gegarandeerd zal voldoen, of het nu wordt geserveerd als weekendlunch of als eenvoudig avondmaal doordeweeks.

b) Combineer rundergehakt, geraspte Parmezaanse kaas, eieren, gehakte verse peterselie, gemalen cornflakes, gehakte knoflook, gedroogde oregano, gemalen witte peper en zout in een grote kom en meng goed.

c) Vorm met vochtige handen het vleesmengsel in rondjes van $1\frac{1}{2}$ inch en plaats deze op een voorbereid vel, gelijkmatig verdeeld.

d) Bak gehaktballetjes tot ze net stevig aanvoelen.

62. Gehaktbal-aubergine subs

Ingrediënt

- 1 pond Mager rundergehakt
- 14 ons basilicum gekruide spaghettisaus; 1 pot
- 1 middelgrote aubergine
- 4½ eetlepel olijfolie; Verdeeld
- 1 middelgrote rode ui
- ¼ pond champignons
- 4 stokbroodjes of stokbroodjes; 6-8 inch lang
- 4 ons Provolone-kaas; 4 plakjes

Routebeschrijving:

a) Snijd de aubergine in steaks van ½ tot ¾ inch en leg ze op een bord, bestrooi ze met zout en laat ze 30 minuten uitlekken.

b) Vorm het gehakt in twaalf gehaktballetjes met een diameter van 1½ inch. Kook ze in een pan op laag vuur en draai ze regelmatig om, zodat ze gelijkmatig bruin worden en niet blijven plakken.

c) Snijd de ui in dunne ringen en snijd de champignons grof in onregelmatige stukken en zet ze opzij.

d) Spoel de auberginesteaks grondig af en dep ze vervolgens droog. Verhit 3 eetlepels olijfolie en bak de aubergine zachtjes op middelhoog vuur.

e) Bestrooi met zout en peper naar smaak. Haal van het vuur en laat uitlekken.

f) Kook 4 minuten en voeg dan de champignons toe .

g) Snij de baguettes in de lengte door en scheid de bovenkant van de onderkant. Beleg de onderste stukken brood met een dunne laag auberginesteaks en bedek met 3 gehaktballetjes.

63. Mexicaanse tortilla-gehaktballensoep

Ingrediënt

- 1½ pond Mager rundergehakt
- Groenten

Routebeschrijving:

a) Meng het gehakt met de koriander, knoflook, limoensap, komijn, hete saus en zout en peper. Vorm balletjes van 1 ounce.

b) Kook tot het aan alle kanten bruin is, ongeveer 5 minuten.

c) Soep: Verhit 2 eetlepels plantaardige olie in een grote soeppan. Voeg uien en knoflook toe.

d) Voeg chilipepers toe en kook 2 minuten. Voeg de tomaten en hun sap, kippenbouillon, chilipoeder, komijn en hete saus toe. Laat 15 tot 20 minuten sudderen.

e) Meng bloem en kippenbouillon in een kleine kom. Klop tot soep. Breng opnieuw aan de kook. Zet het vuur lager en laat 5 minuten sudderen. Voeg de gehaktballetjes toe en laat nog 5 minuten sudderen.

64. Citroenachtige gehaktballensoep

Ingrediënt

- 1 pond Rundergehakt
- 6 eetlepels Rijst
- 1 theelepel paprikapoeder
- 1 theelepel Gedroogd bonenkruid
- Zout peper
- Meel
- 6 kopjes Water
- 2 Rundvleesbouillonblokjes
- ½ Bosje groene uien; gesneden
- 1 groene paprika; gehakt
- 2 Wortelen; geschild, dun gesneden
- 3 Tomaten; geschild en gehakt
- 1 sm. gele chilipepers, gespleten
- ½ bosje peterselie; gehakt
- 1 ei
- 1 Citroen (alleen sap)

Routebeschrijving:

a) Combineer rundvlees, rijst, paprika en bonenkruid. Breng op smaak met zout en peper. Meng licht maar grondig. Vorm balletjes van 1 inch en rol ze vervolgens door de bloem.

b) Combineer water, bouillonblokjes, 1 eetlepel zout, 1 theelepel peper, groene uien, groene paprika, wortels en tomaten in een grote ketel. Dek af, breng aan de kook, zet het vuur lager en laat 30 minuten sudderen.

c) Voeg gehaktballetjes toe, dek af en breng opnieuw aan de kook. Zet het vuur lager en laat 20 minuten sudderen. Voeg de chilipepers toe en laat afgedekt 40 minuten sudderen, of tot de rijst gaar is. Voeg tijdens de laatste 5 minuten van de kooktijd peterselie toe.

65. Mediterrane gevulde gehaktballetjes

Ingrediënt

- 1 grote aubergine, geschild en in blokjes
- 4 Tomaten, geschild en gehakt
- 4 eetlepels Verse peterselie
- Zout en peper
- Knoflook, uien en paprika
- Tijm & Nootmuskaat
- ½ kopje kippenbouillon
- 1½ pond Gemalen vlees
- 2 sneetjes brood
- ⅓ kopje Parmezaanse kaas
- 1 ei
- Broccoli, bloemkool, courgette
- Spaghetti of andere pasta

Routebeschrijving:

a) Saus bereiden: Fruit de knoflook in olijfolie. Voeg de ui toe en blijf sauteren.

b) Voeg groene paprika's, courgette, aubergine en tomaten toe. Ga door met koken; Voeg vervolgens peterselie, zout en peper, tijm en kippenbouillon toe.

c) Voeg gesmolten boter, zout en peper toe en zet opzij.

d) Maak balletjes en druk in het midden van elk balletje een geblancheerde groente.

e) Haal de balletjes door het ei en vervolgens door het paneermeel en frituur ze in 6 tot 8 minuten goudbruin.

66. Met olijven gevulde gehaktballetjes

Ingrediënt

- 1 eetlepel boter
- 1 kopje ui, gehakt
- 2 kleintjes Teentjes knoflook, fijngehakt
- 1¼ pond Gemalen vlees
- ½ kopje Zachte broodkruimels
- ½ kopje peterselie, fijngehakt
- 1 groot ei en 1 kop slagroom
- 16 kleintjes Gevulde groene olijven
- ¼ kopje arachideolie
- 3 eetlepels bloem
- ½ kopje droge witte wijn en 1½ kopje kippenbouillon
- 1 eetlepel Tomatenpuree
- 1 eetlepel Dijon-mosterd

Routebeschrijving:

a) Kook ui en knoflook. Doe het vlees in een mengkom en voeg de gekookte ui en knoflook, het paneermeel, de peterselie, het ei, de helft van de room en de nootmuskaat toe. Goed mengen. Verdeel in 16 gelijke porties.

b) Maak de balletjes klaar terwijl je ze in de olijven sluit.

c) Kook, vaak draaiend, zodat ze gelijkmatig bruin worden, ongeveer 5-10 minuten.

d) Roer de bloem erdoor en voeg dan de wijn toe. Kook ongeveer 1 minuut. , roeren. Voeg de gehaktballetjes toe.

e) Meng de resterende room en de mosterd door de saus.

67. Zuurkool balletjes

Ingrediënt

- 1 middelgrote ui, fijngehakt
- 2 eetlepels Boter
- 1 blikje Spam (gemalen)
- 1 kop Gemalen cornedbeef
- $\frac{1}{4}$ theelepel Knoflookzout
- 1 eetlepel Mosterd
- 3 eetlepels gehakte peterselie
- 2 kopjes Zuurkool
- $\frac{2}{3}$ kopje bloem
- $\frac{1}{2}$ kopje runderbouillon of bouillonblokje, opgelost in 1/2 kopje water
- 2 Eieren, goed geslagen
- $\frac{1}{2}$ kopje broodkruimels
- $\frac{1}{8}$ theelepel Peper

Routebeschrijving:

a) Fruit de uien in boter, voeg spam en corned beef toe. Kook 5 minuten en roer vaak. Voeg knoflookzout, mosterd, peterselie, peper, zuurkool, ½ kopje bloem en runderbouillon toe. Goed mengen. Kook gedurende 10 minuten.

b) Verdeel over een schaal om af te koelen. Vorm er kleine balletjes van. Rol de bloem erdoor, dompel het in de eieren en rol het door de kruimels. Frituur in heet vet op 375 graden tot ze goudbruin zijn.

68. Italiaanse stoofpot van gehaktballetjes

Ingrediënt

- 1½ pond Mager rundergehakt
- ½ kopje Fijne broodkruimels
- 2 Eieren geslagen
- ¼ kopje melk
- 2 eetlepels Geraspte Parmezaanse kaas
- 1 theelepel zout/peper
- ⅛ theelepel Knoflookzout
- 2 Wortelen geschild en gesneden
- 6 ons Tomatenpuree
- 1 kopje Rundvleesbouillon
- ½ theelepel Oregano
- 1 theelepel Gekruid zout
- ½ theelepel Basilicum
- 10 ons bevroren Italiaanse stijl
- Groenten gedeeltelijk Ontdooid

Routebeschrijving:

a) Combineer rundvlees met paneermeel, eieren, melk, kaas, zout, knoflookzout en peper. Vorm balletjes van 2 inch. Laat de wortels op de bodem van de langzaam kokende pot vallen.

b) Verdeel de gehaktballetjes over de wortels. Combineer tomatenpuree met water, bouillon, oregano, gekruid zout en basilicum. Giet over vlees. Dek af en kook op laag vuur gedurende 4 tot 6 uur.

c) Dek af en kook op de hoogste stand gedurende 15 tot 20 minuten, of tot de groenten gaar zijn.

69. Bulgaarse gehaktballensoep

Ingrediënt

- 1 pond Gehakt
- 6 eetlepels Rijst
- 1 theelepel paprikapoeder
- 1 theelepel Gedroogd bonenkruid
- Zout peper
- 2 Rundvleesbouillonblokjes
- ½ Bosje groene uien; gesneden
- 1 Groene paprika; gehakt
- 2 Wortelen;geschild, in dunne plakjes gesneden
- 3 Tomaten; geschild en gehakt
- 1 sm. gele chilipepers, gespleten
- ½ Bosje peterselie; gehakt
- 1 Ei
- 1 Citroen (alleen sap)

Routebeschrijving:

a) Combineer rundvlees, rijst, paprika en bonenkruid. Breng op smaak met zout en peper.

b) Vorm balletjes van 1 inch en rol ze vervolgens door de bloem.

c) Combineer water, bouillonblokjes, 1 eetlepel zout, 1 theelepel peper, groene uien, groene paprika, wortels en tomaten in een grote ketel.

d) Dek af, breng aan de kook, zet het vuur lager en laat 30 minuten sudderen. Voeg gehaktballetjes toe, dek af en breng opnieuw aan de kook. Roer 1 tot 2 eetlepels hete soep door het eimengsel en roer het eimengsel vervolgens door de soep.

e) Verwarm en roer tot de soep iets dikker is geworden, maar laat niet koken.

70. Oosterse gehaktbalsalade

Ingrediënt

- ½ kopje melk
- 2 Eieren
- 3 kopjes Zachte broodkruimels
- 1 theelepel uienzout
- 1 pond Gehakt
- 2 theelepels Pinda-olie
- 8¼ ounce Ananas stukjes
- 2 Groene pepers
- 2 Wortelen
- 2 stengels bleekselderij
- ½ kopje bruine suiker, verpakt
- 2 eetlepels maïszetmeel
- ½ kopje Droge witte wijn, ½ kopje Azijn
- 2 eetlepels sojasaus
- 2 Tomaten, in stukjes gesneden en geraspte sla

Routebeschrijving:

a) Combineer eieren en melk, roer er paneermeel, uienzout en $\frac{1}{8}$ theelepel peper door. Voeg gehakt toe en meng goed. Vorm van het mengsel gehaktballetjes. Gehaktballetjes koken.

b) Combineer ananasstukjes, groene paprika, wortel, selderij en gehaktballetjes; opzij zetten.

c) Combineer bruine suiker en maizena in een kleine pan; roer de $\frac{3}{4}$ kop ananasvloeistof, wijn, azijn en sojasaus erdoor. Kook en roer tot het dik en bruisend is. Giet het hete mengsel over het gehaktbalmengsel.

71. In spek gewikkelde gehaktballetjes

Ingrediënt

- ½ pond Gehakt
- ¼ kopje Koud water
- 2 theelepels Gehakte uien
- ½ theelepel Zout
- ¼ theelepel Gekruide peper
- 4 plakjes Spek; kruiselings doormidden snijden

Routebeschrijving:

a) Combineer de eerste 5 **ingrediënten** en meng goed; vorm er 8 gehaktballetjes van. Rol de stukjes spek rond de gehaktballetjes en zet vast met tandenstokers.

b) bak op middelhoog vuur tot het spek knapperig en bruin is; vet afvoeren. Als de gehaktballetjes nog niet klaar zijn, dek ze dan af en laat ze nog eens 5 tot 7 minuten sudderen.

VARKENS- EN RUNDVLEESMENG

72. Gehaktballetjes in roomsaus

Ingrediënt

- 8 ons Mager rundergehaktrondje
- 8 ons Mager varkens- of kalfsschouder
- 1 kleine gele ui; fijn gesneden
- ½ theelepel zout, zwarte peper
- ¼ theelepel gedroogde tijm; verkruimeld
- ¼ theelepel marjolein of oregano; verkruimeld
- ¼ theelepel Gemalen nootmuskaat
- 1½ kopje verse broodkruimels
- 2 eetlepels Boter
- 2 eetlepels bloem voor alle doeleinden
- 1½ kopje runderbouillon
- 2 eetlepels Gesnipperde dille -of-
- 2 theelepels Gedroogde dille-wiet
- ½ kopje Zware of lichte room

Routebeschrijving:

a) Meng in een kom rundvlees, varkensvlees, ui, zout, peper, tijm, marjolein, nootmuskaat, broodkruim en water met de handen.

b) Vorm het mengsel in balletjes van 2 inch . Rooster aan elke kant of tot ze lichtbruin zijn.

c) Om de saus te bereiden, smelt u de boter in een zware koekenpan van 25 cm op matig vuur. Meng de bloem erdoor tot een gladde pasta . Doe de gehaktballetjes in de saus.

d) Roer de dille erdoor en voeg de room toe en roer tot de saus glad is, ongeveer 1 minuut. Voeg een vleugje paprikapoeder en de dille toe. Serveer met aardappelen of beboterde eiernoedels.

73. Sopa of albondigas

Ingrediënt

- 1 Fijngesneden ui
- 1 Gehakte teentje knoflook
- 2 eetlepels olie
- ¾ pond rundergehakt
- ¾ pond gemalen varkensvlees
- ⅓ kopje rauwe rijst
- 1½ theelepel zout
- 4 ons Tomatensaus
- 3 liter rundvleesbouillon
- ¼ theelepel Peper
- 1 Lichtgeklopt ei
- 1 eetlepel gehakte muntblaadjes

Routebeschrijving:

a) Ui en knoflook in olie laten slinken; tomatensaus en runderbouillon toevoegen. Verwarm tot het kookpunt.

b) Meng het vlees met rijst, ei, munt, zout en peper; vorm er kleine balletjes van.

c) Laat het in kokende bouillon vallen. Dek het goed af en kook 30 minuten. Zal mooi invriezen.

74. Chipotle Voorgerecht Gehaktballetjes

Ingrediënt

- 1 middelgrote ui; gehakt
- 4 Knoflookteentjes; gehakt
- 1 eetlepel Plantaardige olie
- 1 kop Tomatensaus
- 2 kopjes Rundvleesbouillon
- $\frac{1}{4}$ kopje Chipotles adobo samen met de saus
- 1 pond Gehakt
- 1 pond Varkensgehakt
- $\frac{1}{2}$ kopje Fijngehakte ui
- $\frac{1}{4}$ kopje Fijngehakte verse koriander
- $\frac{1}{2}$ kopje broodkruimels
- 1 ei; geslagen
- Zout en versgemalen zwarte peper
- Plantaardige olie om te frituren

Routebeschrijving:

a) Fruit de ui en knoflook in de olie tot ze lichtbruin zijn. Voeg de tomatensaus, de bouillon en de chipotles in adobosaus toe.

b) Meng het rundvlees, het varkensvlees, de ui, de koriander, het paneermeel en het ei en breng op smaak met zout en peper. Meng voorzichtig en vorm er kleine gehaktballetjes van.

c) Giet een paar eetlepels olie in een zware pan en bak de gehaktballetjes bruin.

75. Californische gehaktballetjes en paprika

Ingrediënt

- 3 eetlepels olijfolie
- 1 grote rode paprika, zonder klokhuis, zonder zaadjes
- 1 grote groene paprika, zonder klokhuis, zonder zaadjes
- 1 grote gele paprika, zonder klokhuis, zonder zaadjes
- 1 grote ui, in partjes gesneden
- ⅓ pond Rundergehakt
- ⅓ pond Gemalen varkensvlees
- ⅓ pond Gemalen kalfsvlees
- 1 groot ei
- ¼ kopje Fijne droge broodkruimels
- ¼ kopje Gehakte verse peterselie
- 1 theelepel Venkelzaad, gemalen
- 1¼ theelepel zout
- ¼ theelepel Zwarte peper

- ½ kopje ontpitte zwarte olijven, gehalveerd

Routebeschrijving:

a) 1 eetlepel olijfolie in een koekenpan van 30 cm op middelhoog vuur en voeg rode, groene en gele paprika en ui toe .

b) Combineer Butcher's Blend, ei, broodkruim, peterselie, venkelzaad, ¼ theelepel zout en zwarte peper .

c) Vorm het mengsel in balletjes van 1¼ ". Kook.

76. Duitse gehaktballetjes

Ingrediënt

- 1 pond Rundvlees, gemalen
- 1 pond Varkensvlees, gemalen
- 1 Ui, geraspt
- ⅓ kopje Broodkruimels
- scheutje zout
- streepje peper
- scheutje nootmuskaat
- 5 Eiwit, stijf geslagen
- 3 kopjes Water
- 1 Ui, fijn gesneden
- 4 Laurierblaadjes
- 1 eetlepel suiker
- 1 theelepel zout
- ½ theelepel piment en peperkorrels
- ¼ kopje Dragonazijn
- 1 eetlepel bloem

- 5 Eidooiers, losgeklopt
- 1 Citroen, in plakjes gesneden
- Kappertjes

Routebeschrijving:

a) GEHAKTBALLEN: Meng alle **ingrediënten** en voeg als laatste het opgeklopte eiwit toe. Vorm balletjes.

b) SAUS: Kook eerst 6 **ingrediënten** 30 minuten. Deformatie; breng aan de kook, voeg de gehaktballetjes toe en laat 15 minuten sudderen.

c) Leg de gehaktballetjes op een hete schaal en houd ze warm. Voeg azijn toe aan de vloeistof.

77. Scandinavische gehaktballetjes

Ingrediënt

- Basis gehaktballenmengsel
- ⅛ theelepel kardemom; grond
- 1 eetlepel Plantaardige olie
- 1¼ kopje Klaar om te serveren runderbouillon
- ¼ theelepel Dille-wiet
- 1 eetlepel maïszetmeel
- 2 eetlepels Droge witte wijn
- 2 kopjes noedels; gekookt

Routebeschrijving:

a) Combineer **de ingrediënten** van het basisgehaktballenmengsel met kardemom en meng licht maar grondig. Vorm van het mengsel 12 gehaktballetjes.

b) Bak de gehaktballetjes in hete olie in een grote koekenpan op middelhoog vuur. Giet druppels af. Voeg runderbouillon en dille toe aan de gehaktballetjes in de koekenpan, roer om te combineren.

c) Aan de kook brengen; verminder hitte. Dek goed af en laat 20 minuten sudderen. Los het maizena op in witte wijn. Voeg toe aan de koekenpan en blijf koken tot het dik is, onder voortdurend roeren.

78. Belgische gehaktballetjes gestoofd in bier

Ingrediënt

- 1 kopje Verse witte broodkruimels
- ¼ kopje Melk
- 1 pond Rundergehakt, mager
- ½ pond Gemalen varkensvlees of kalfsvlees
- 1 groot Ei
- Groenten & kruiden
- Kokende olie
- 2 eetlepels peterselie, vers; garnering

Routebeschrijving:

a) Om gehaktballetjes te bereiden, weekt u broodkruimels in melk tot ze goed bevochtigd zijn; droogwrijven met de handen.

b) Combineer broodkruimels, gehakt, eieren, sjalotjes, peterselie, zout, peper en nootmuskaat in een middelgrote kom.

c) Vorm het mengsel in 6 tot 8 balletjes of pasteitjes (2 inch in diameter en $\frac{1}{2}$ inch dik); bestuiven met 2 eetlepels bloem.

d) Verhit boter en olie in een diepe, zware Nederlandse oven, tot heet maar niet rokend, op hoog vuur. Gehaktballetjes toevoegen; kook tot het aan alle kanten bruin is, ongeveer 5 minuten, en zorg ervoor dat de boter niet verbrandt. Verwijder de gehaktballetjes op een schaal; blijf warm.

KALKOEN & KIPPENGEHAKBALLEN

79. Gebakken rigatoni en gehaktballetjes

Ingrediënt

- 3½ kopje Rigatoni-pasta
- 1⅓ kopje mozzarella, versnipperd
- 3 eetlepels Parmezaanse kaas, vers geraspt
- 1 pond Magere kalkoen

Routebeschrijving:

a) Gehaktballetjes: Klop het ei in een kom lichtjes; Meng de ui, kruimels, knoflook, Parmezaanse kaas, oregano, zout en peper. Kalkoen erdoor mengen.

b) Vorm van grote eetlepels balletjes.

c) Verhit de olie in een grote koekenpan op middelhoog vuur; kook de gehaktballetjes, indien nodig in batches, gedurende 8-10 minuten of tot ze aan alle kanten bruin zijn.

d) Voeg ui, knoflook, champignons, groene paprika, basilicum, suiker, oregano, zout, peper en water toe aan de koekenpan; kook op middelhoog vuur, af en toe roerend, gedurende ongeveer 10 minuten of tot de groenten zacht zijn. Roer de tomaten en tomatenpuree erdoor; laten koken. Gehaktballetjes toevoegen

e) Kook ondertussen de rigatoni in een grote pan met kokend gezouten water . Breng over naar een ovenschaal van 11x7 inch of een ondiepe ovenschotel met 8 kopjes.

f) Strooi de mozzarella en vervolgens de Parmezaanse kaas gelijkmatig erover. Bakken

80. Gebakken penne met kalkoengehaktballetjes

Ingrediënt

- 1 pond Gemalen kalkoen
- 1 groot teentje knoflook; gehakt
- ¾ kopje Verse broodkruimels
- ½ kopje Fijngehakte ui
- 3 eetlepels Pijnboompitten; geroosterd
- ½ kopje Gehakte verse peterselieblaadjes
- 1 groot ei; licht geslagen
- 1 theelepel zout
- 1 theelepel Zwarte peper
- 4 eetlepels olijfolie
- 1 pond Penne
- 1½ kop Grof geraspte mozzarellakaas
- 1 kop Vers geraspte Romano-kaas
- 6 kopjes Tomatensaus
- 1 container; (15 oz) ricottakaas

Routebeschrijving:

a) Roer in een kom kalkoen, knoflook, broodkruimels, ui, pijnboompitten, peterselie, ei, zout en peper goed door elkaar en vorm er gehaktballetjes van en kook.

b) Pasta koken

c) Meng mozzarella en Romano in een kleine kom. Schep ongeveer $1\frac{1}{2}$ kopje tomatensaus en de helft van de gehaktballetjes in de voorbereide schaal en schep de helft van de pasta erop.

d) Verdeel de helft van de overgebleven saus en de helft van het kaasmengsel over de pasta. Bestrijk met de resterende gehaktballetjes en druppel klodders ricotta over de gehaktballetjes. Bak de penne in het midden van de oven 30 tot 35 minuten.

81. Gehaktballetjes en kortere macaroni

Ingrediënt

- 1 Ui fijngesneden
- 1 kopje In blokjes gesneden bleekselderij
- 2 Wortels; snijd op elke gewenste manier, maximaal 3
- 2 eetlepels Tomatenpuree
- 3 kopjes Water
- Zout
- Peper
- Laurierblad
- 2 eetlepels Olie; tot en met 3
- 1 pond Gehakt; (het beste is kalkoen)
- 1 plakje Chala doorweekt; uitgelekt en gepureerd
- 3 Eieren
- Een beetje bloem

Routebeschrijving:

a) Jus: Verhit de olie in een grote pan, voeg ui, selderij, wortels, tomatenpuree, water en kruiden toe en laat sudderen. Bereid ondertussen de gehaktballetjes.

b) Gehaktballetjes: Combineer en vorm gehaktballetjes van ongeveer 12-14. Rol de bloem erdoor en laat de kokende jus vallen. Kook gedurende 40 minuten op laag vuur. Zorg dat je voldoende vocht in huis hebt, dit heb je nodig voor de macaroni.

c) Kook 250-400 (½-⅔ pond) kortgesneden macaroni gedurende ⅔ van de aanbevolen tijd . Bak gedurende 20-30 tot het heet is

82. Noorse kippengehaktballetjes

Ingrediënt

- 1 pond Gemalen kip
- 4½ theelepel maïszetmeel; verdeeld
- 1 groot ei
- 2¼ kopje kippenbouillon; verdeeld
- ¼ theelepel zout
- ½ theelepel Vers geraspte citroenschil
- 2 eetlepels Gehakte verse dille; verdeeld
- 4 ons Gjetost-kaas; gesneden in dobbelstenen van 1/4 inch
- 4 kopjes Warmgekookte eiernoedels

Routebeschrijving:

a) Klop het ei; voeg een kleine ¼ kopje bouillon en 1¼ theelepel maizena toe. Roer tot een gladde massa. Voeg de citroenschil en 1 eetlepel verse dille toe . Voeg gemalen kip toe aan dit mengsel .

b) Breng twee kopjes bouillon aan de kook in een koekenpan van 10 of 12 inch.

c) Laat voorzichtig een eetlepel kippenmengsel in de kokende bouillon vallen .

d) bereiden : Meng de resterende 1 eetlepel maïzena in 2 eetlepels koud water. Roer de kokende bouillon erdoor en kook een paar minuten tot het enigszins ingedikt is. Voeg de in blokjes gesneden kaas toe en roer voortdurend totdat de kaas smelt.

e) Terwijl de kip kookt, maak je de noedels klaar en houd je ze warm.

f) Doe de kipballetjes terug in de saus.

83. Kalkoengehaktbalspaghetti

Ingrediënt

- ¾ pond Gemalen kalkoenborst zonder vel of gemalen kalkoen
- ¼ kopje geraspte wortel
- ¼ kopje Gehakte ui
- ¼ kopje Droge broodkruimels
- 1 eetlepel gehakte verse basilicum OF 1 theelepel gedroogde basilicumblaadjes
- 2 eetlepels magere melk
- ½ theelepel zout; indien gewenst
- ¼ theelepel Peper
- 1 teentje knoflook; verpletterd
- 3 kopjes Bereide spaghettisaus
- 2 kopjes Warme gekookte spaghetti of spaghettipompoen
- Geraspte Parmezaanse kaas; indien gewenst

Routebeschrijving:

a) Meng in een middelgrote kom gemalen kalkoen, wortel, ui, broodkruimels, basilicum, melk, zout, peper en knoflook; Meng goed. Vorm het kalkoenmengsel in balletjes van 1 inch.

b) Meng de gehaktballetjes en de saus in een grote pan. Omslag; Kook op middelhoog vuur gedurende 10 tot 15 minuten tot de gehaktballetjes niet langer roze zijn in het midden, af en toe roeren.

c) Serveer met gekookte spaghetti of spaghettipompoen. Bestrijk met Parmezaanse kaas.

84. Franse gehaktballetjes

Ingrediënt

- 1 pond Gemalen kip of kalkoen
- ½ kopje broodkruimels
- 1 ei
- 1 theelepel peterselievlokken
- ½ theelepel uienpoeder
- ¼ theelepel zout
- ⅛ theelepel Peper
- ⅛ theelepel Nootmuskaat
- 2 eetlepels Plantaardige olie
- 1 pot kipkooksaus
- ¼ theelepel zout
- ¼ theelepel Peper
- 1½ kop Bevroren erwten
- ½ kopje zure room
- 8 ons Brede eiernoedels, gekookt en uitgelekt

Routebeschrijving:

a) Meng in een grote kom gemalen kip, broodkruimels, ei, peterselie, uienpoeder, ¼ theelepel zout, ⅛ theelepel peper en nootmuskaat. Vorm gehaktballetjes van 1½ ".

b) Bruine gehaktballetjes aan alle kanten in plantaardige olie; vet afvoeren. Voeg de saus, ¼ theelepel zout, ⅛ theelepel peper en erwten toe.

c) Laat sudderen, afgedekt, 30 minuten of tot de gehaktballetjes goed gaar zijn; af en toe roeren. Voeg zure room toe.

85. Kalkoen en vulling van gehaktballetjes

Ingrediënt

- ½ kopje Melk
- 1 Ei
- 1 kopje Maïsbrood vulling mix
- ¼ kopje Fijngesneden bleekselderij
- 1 theelepel Droge mosterd
- 1 pond Gemalen kalkoen
- 1 16-oz blikje cranberrysaus in gelei
- 1 eetlepel bruine suiker
- 1 eetlepel Worcestershire saus

Routebeschrijving:

a) Verwarm de oven tot 375 graden F. Combineer melk en ei in een grote kom; goed verslaan.

b) Roer de vullingmix, selderij en mosterd erdoor; goed mengen. Voeg kalkoen toe; Meng goed.

c) Vorm er 48 balletjes van 1 inch van. Plaats in een niet-ingevette bakvorm van 15x10x1 inch.

d) Bak op 375 graden gedurende 20 tot 25 minuten of tot de gehaktballetjes bruin zijn en niet langer roze in het midden.

e) Meng ondertussen in een grote pan alle **sausingrediënten** ; Meng goed. Breng op middelhoog vuur aan de kook. Zet het vuur laag; Laat 5 minuten sudderen, af en toe roeren. Voeg gehaktballetjes toe aan de saus; roer voorzichtig om te coaten.

86. Met kaas gevulde gehaktballetjes

Ingrediënt

- 1 eetlepel Olijfolie
- 2 eetlepels In blokjes gesneden ui
- 8 ons Mager rundergehakt of kalkoen
- 1 eetlepel Sojasaus
- ¼ theelepel Gedroogde salie
- 4 ons Cheddar of Zwitserse kaas; in 8 blokjes gesneden

Routebeschrijving:

a) Verwarm de oven voor op 325F.

b) Vet een ondiepe bakvorm in met een beetje olijfolie of pannenspray.

c) Verhit de olie in een koekenpan op matig vuur tot deze heet is, maar niet rookt. Voeg de ui toe en bak tot hij goudbruin is, ongeveer 10 minuten.

d) Combineer de ui, het rundvlees, de sojasaus en de salie. Verdeel het mengsel in acht porties. Neem een stuk kaas en bedek het met een portie van het mengsel, zodat er een gehaktbal ontstaat. Herhaal dit om in totaal acht gehaktballetjes te vormen.

e) Leg de gehaktballetjes in de met olie ingevette pan en bak ze 30 minuten.

87. Kipsalade balletjes

Ingrediënt

- 1 kop Gehakte kip
- 1 eetlepel Gehakte ui
- 2 eetlepels Spaanse peper; gehakt
- ½ kopje mayonaise
- 1 kop Gehakte pecannoten

Routebeschrijving:

a) Roer alles door elkaar en meng goed. Koel 4 uur.

b) Vorm er een bal van 1 inch van.

VARKENSGEHAKBALLEN

88. Mozzarellabeignets en spaghetti

Ingrediënt

- 2 Knoflookteentjes
- 1 bosje verse peterselie
- 3 Salade-uien; dun gesneden
- 225 gram Mager varkensgehakt
- 2 eetlepels Vers geraspte Parmezaanse kaas
- 1 eetlepel olijfolie
- 150 gram Spaghetti of tagliatelle
- 100 milliliter Hete runderbouillon
- 1 400 gram blik gehakte tomaten
- 1 snufje suiker en 1 scheutje sojasaus
- Zout en peper
- 1 ei
- 1 eetlepel olijfolie
- 75 milliliter Melk
- 50 gram gewone bloem
- 150 gram Gerookte mozzarella

- Zonnebloemolie; voor frituren
- 1 Citroen

Routebeschrijving:

a) Pers de knoflook en hak de peterselie fijn. Meng het gehakt, de sla-uitjes, de knoflook, de Parmezaanse kaas, de peterselie en veel zout en peper.

b) Vorm er acht stevige balletjes van.

c) Kook de gehaktballetjes tot ze mooi bruin zijn. Giet de bouillon erbij .

d) Kook de pasta in een grote pan met kokend gezouten water.

89. Welsh gegrilde gehaktballetjes

Ingrediënt

- 1 pond varkenslever
- 2 pond Mager gemalen varkensvlees
- 4 ons (1/2 kop) broodkruimels
- 2 Fijngesneden grote ui
- 2 theelepels Salie
- 2 theelepels Tijm
- 2 theelepels Gedroogde peterselie
- 1 snufje Nootmuskaat
- Zout en peper naar smaak
- 3 ons Niervet
- Meel om te bestuiven g

Routebeschrijving:

a) Snijd de lever fijn (makkelijker als deze bevroren is) en spoel af met water.

b) Voeg het gemalen varkensvlees, paneermeel, uien, salie, tijm, peterselie, nootmuskaat en zout en peper toe. Doe een beetje bloem op de bodem van een schaal, voeg niervet toe en bestrijk het lichtjes.

c) Vorm er balletjes van die groter zijn dan een gehaktbal, maar kleiner dan een tennisbal. Gebruik een antiaanbakspray om een bespoten ovenvaste schaal van 30 cm in het vierkant in te vetten. Leg de gehaktballetjes in de schaal en dek af met folie. Bak in een voorverwarmde oven op 400 graden gedurende 40 minuten.

d) Verwijder de folie en laat het vet weglopen. Maak het vet dikker met bloem of maïzena om een jus te maken, voeg ongeveer 1 theelepel verdikkingsmiddel per keer toe om de gewenste consistentie te krijgen en giet een deel van de jus rond het vlees.

90. Krokante Duitse gehaktballetjes

Ingrediënt

- ½ pond Gemalen varkensworst
- ¼ kopje ui, gehakt
- 1 blik 16 Oz zuurkool, uitlekken en fijngehakt
- 2 eetlepels paneermeel, droog en fijn
- 1 pakje Roomkaas, zacht maken
- 2 eetlepels peterselie
- 1 theelepel Bereide mosterd
- ¼ theelepel Knoflookzout
- ⅛ theelepel Peper
- 1 kop Mayonaise
- ¼ kopje Bereide mosterd
- 2 eieren
- ¼ kopje melk
- ½ kopje bloem
- 1 kopje paneermeel, fijn
- Vegetarisch olie

Routebeschrijving:

a) Combineer worst en ui in de pan & broodkruimels.

b) Combineer kaas en de volgende 4 **ingrediënten** in een kom; Voeg het worstmengsel toe en roer goed.

c) Vorm het worstmengsel in balletjes van $\frac{3}{4}$"; rol ze door de bloem. Doop elke bal in het gereserveerde eimengsel; rol de balletjes in paneermeel.

d) Giet olie tot een diepte van 5 cm in de oven; verwarm tot 375 graden. Bak tot ze goudbruin zijn.

91. Mexicaanse gehaktballetjes

Ingrediënt

- 500 gram Rundergehakt; (1 lb)
- 500 gram Varkensgehakt; (1 lb)
- 2 Teentjes knoflook; verpletterd
- 50 gram Vers wit paneermeel; (2oz)
- 1 eetlepel Vers gehakte peterselie
- 1 ei
- Zout en versgemalen zwarte peper
- 2 eetlepels olie
- 1 pot taco-relish van 275 gram
- 50 gram Cheddar kaas; geraspt (2oz)

Routebeschrijving:

a) Meng het vlees en de knoflook, het paneermeel, de peterselie, het ei en de kruiden en vorm er 16 balletjes van.

b) Verhit de olie in een koekenpan en bak de gehaktballetjes in gedeelten rondom bruin.

c) Doe het mengsel in een ovenvaste schaal en giet de tacosaus erover. Dek af en kook in een voorverwarmde oven van 180 C, 350 F, gasstand 4 gedurende 30 minuten.

d) Strooi de geraspte kaas erover en plaats het terug in de oven, onafgedekt, en laat nog eens 30 minuten koken.

92. Meet balletjes in druivengelei

Ingrediënt

- 1 kopje broodkruimels; zacht
- 1 kopje melk
- 2 pond Gehakt
- ¾ pond Gemalen varkensvlees; karig
- ½ kopje ui; fijn gesneden
- 2 eieren; geslagen
- 2 theelepels Zout
- 1 theelepel Peper
- ½ theelepel Nootmuskaat
- ½ theelepel piment
- ½ theelepel kardemom
- ¼ theelepel gember
- 2 eetlepels spekdruppels; of slaolie
- 8 ons Druivengelei

Routebeschrijving:

a) Week de broodkruimels een uur in de melk. Combineer rundergehakt, varkensvlees en ui. Voeg eieren, melk en broodkruimelmengsel toe. Voeg zout, peper en kruiden toe.

b) Meng goed en klop het op met een vork. Chill een tot twee uur. Vorm er kleine balletjes van, rol ze door de bloem en bak ze bruin in spekvet of olie. Schud de pan of zware koekenpan om de gehaktballetjes in heet vet rond te rollen.

c) Doe het in een slowcooker met 1 grote pot druivengelei en kook op LANGZAAM gedurende een uur.

93. Pittige Thaise gehaktballetjes met noedels

Ingrediënt

- 1 pond Varkensgehakt
- 1 groot ei
- ½ kopje drooggeroosterde pinda's, fijngehakt
- ¼ kopje Gehakte verse koriander of peterselie
- ¾ theelepel zout
- 1 3 3/4 oz pak cellofaannoedels
- ½ kopje Pindakaas in chunk-stijl
- 1 eetlepel Geraspte citroenschil
- ¼ theelepel Gemalen rode cayennepeper
- 1 kleine komkommer, in plakjes gesneden
- 1 kleine wortel, geschild en in dunne plakjes gesneden of in dunne staafjes gesneden
- Plantaardige olie Verse koriander of takjes peterselie,

Routebeschrijving:

a) Combineer varkensvlees, ei, gemalen pinda's, gehakte koriander en zout.

b) Vorm het mengsel in balletjes van 1". Verhit in een koekenpan van 12" op middelhoog vuur 2 eetlepels olie; gehaktballetjes toevoegen. Kook ongeveer 12 minuten en draai regelmatig tot het aan alle kanten goed bruin is.

c) Voeg ondertussen noedels toe.

d) Als de gehaktballetjes gaar zijn, roer dan de pindakaas, geraspte citroenschil en gemalen rode peper erdoor.

94. Aziatische gehaktballensoep

Ingrediënt

- 2 liter kippenbouillon
- ¼ pond Gemalen varkensvlees
- 1 eetlepel fijngehakte lente-uitjes
- 1 eetlepel sojasaus
- 1 theelepel fijngehakte gember
- 1 theelepel Sesamolie

Garnalenrolletjes:

- ¼ pond Gemalen garnalen
- ½ kopje cellofaannoedels, gekookt
- 1½ theelepel sojasaus
- 1 theelepel fijngehakte lente-uitjes
- 1 theelepel Gehakte knoflook
- 6 Chinese koolbladeren
- 6 Lange lente-uitjes
- Gehakte lente-uitjes, voor Garneer

Routebeschrijving:

a) Verwarm in een soeppan de kippenbouillon langzaam aan de kook. Maak gehaktballetjes: combineer **de ingrediënten** en vorm er balletjes van ⅓ inch van.

b) Garnalenrolletjes maken: Combineer garnalen en de volgende 4 **ingrediënten** . Leg de koolbladeren neer, hoop 1½ eetlepel vulling in het midden en vouw op als een loempia; stevig vastbinden met een lente-ui.

c) Laat de gehaktballetjes en garnalenrolletjes voorzichtig in de kokende bouillon vallen. Kook op laag vuur, 15 minuten.

d) Gooi wat gehakte lente-uitjes in de soeppan, pas de kruiden aan en serveer.

95. Broodje Italiaanse gehaktbal

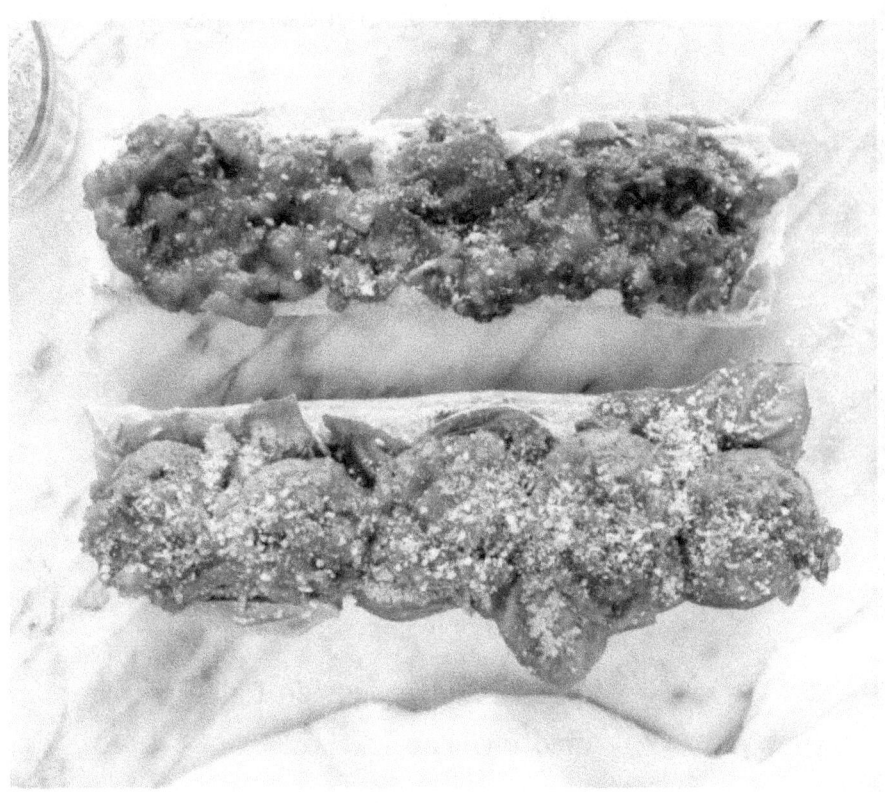

Ingrediënt

- 1 pond Geslepen ronde of geslepen boorkop
- ½ pond Gemalen varkensvlees
- 1½ kopje geraspte kaas
- 2 kopjes Fijne droge broodkruimels
- Handvol gedroogde gemalen peterselie
- 2 eieren
- ¾ kopje melk
- Zout peper
- 1 liter Tomatensaus en 1 klein blikje tomatenpuree
- 1 pint Hele tomaten, geplet
- rode wijn
- Zout varkensvlees
- Zout, peper, knoflookzout naar smaak
- Droge zoete basilicum, droge marjolein
- 4 teentjes knoflook, fijngehakt

Routebeschrijving:

a) Bereid de saus voor

b) Bereid de gehaktballetjes: Doe alle **ingrediënten** , behalve de melk, in een grote kom en meng goed.

c) Vorm een klein deel van het vleesmengsel tot een bal van ongeveer 5 cm doorsnee. Bak ze tot een mooie korst aan de buitenkant.

96. Deense gehaktballetjes

Ingrediënt

- ½ pond Kalfsvlees
- ½ pond varkensvlees
- 1 gram ui
- 2 kopjes Melk
- Peper naar smaak
- 2 eetlepels bloem of 1 kopje broodkruimels
- 1 ei
- Zout naar smaak

Routebeschrijving:

a) Haal kalfs- en varkensvlees samen door een molen 4 of 5 keer. Voeg bloem of paneermeel, melk, ei, ui, zout en peper toe. Meng grondig.

b) Doe een grote eetlepel in de koekenpan en bak op laag vuur.

c) Serveer met gebruinde boter, aardappelen en gestoofde kool.

97. Indonesische gehaktballetjes

Ingrediënt

- 500 gram Varkensgehakt
- 1 theelepel geraspte verse gemberwortel
- 1 Ui; zeer fijngehakt
- 1 Ei; geslagen
- ½ kopje vers paneermeel
- 1 eetlepel olie
- 1 ui; in blokjes gesneden
- 1 Teentje knoflook; verpletterd
- 1 theelepel geraspte verse gemberwortel
- ¼ theelepel Gemalen koriander
- 1 blikje Nestlé Reduced Cream
- 2 eetlepels Fijne kokosnoot
- 4 theelepels sojasaus
- ¼ kopje knapperige pindakaas

Routebeschrijving:

a) Combineer het varkensgehakt, de gemberwortel, de ui, het ei en het paneermeel. Goed mengen.

b) Voeg de gehaktballetjes toe en bak tot ze rondom goudbruin zijn.

c) Doe de boter in de koekenpan. Voeg de ui toe en kook 2-3 minuten.

d) Roer de knoflook, gemberwortelcurrypoeder en gemalen koriander erdoor.

e) Voeg het verkleinde pak, het water en de kokosnoot toe. Roer tot een gladde massa en voeg dan de sojasaus en pindakaas toe. Gehaktballetjes toevoegen.

98. Hamburgerballetjes met yams

Ingrediënt

- 2 kopjes Gemalen ham; (ongeveer 1/2 pond)
- ½ pond Grondklauwplaat
- 1 kop volkoren broodkruimels
- 1 Ei; geslagen
- ¼ kopje Gehakte ui
- 2 eetlepels gezouten zonnebloempitten -OF-
- ½ theelepel zout
- 2 blikjes (elk 23 oz) yams; uitgelekt en in blokjes gesneden
- ½ kopje donkere glucosestroop
- ½ kopje appelsap of ananassap
- ¼ theelepel Nootmuskaat
- 1 eetlepel maïszetmeel

Routebeschrijving:

a) Meng het gehakt, het paneermeel, het ei, de ui en de zonnebloempitten grondig.

b) Vorm er 12 tot 16 gehaktballetjes van. Plaats op een rooster in de grillpan. Bak de gehaktballetjes in een voorverwarmde oven van 425 graden gedurende 15 minuten.

c) Plaats de yams in Crock-Pot. Combineer glucosestroop, sap en nootmuskaat en giet de helft over de yams. Leg de gebruinde gehaktballetjes over de yams en bedek met de resterende saus. Dek af en kook op de lage stand gedurende 5 tot 6 uur.

d) Breng de gehaktballetjes over naar de serveerschaal; doe de yams in de serveerschaal en houd ze warm. Roer de maizena door de saus. Dek af en kook op de hoge stand tot het ingedikt is; giet over yams voor het serveren.

99. Gembergehaktbal en waterkerssoep

Ingrediënt

- 1 blikje waterkastanjes (8 ounces).
- 1 pond Fijngemalen mager varkensvlees
- 4½ theelepel Geschilde en fijngehakte verse gember
- 1 Gemalen witte peper, naar smaak
- 1½ theelepel sojasaus
- 2⅛ theelepel maïszetmeel
- Zout naar smaak
- 5 kopjes Groentebouillon
- 5 kopjes kippenbouillon
- 1 Zout
- 1 Vers gemalen zwarte peper
- 2 Bosjes waterkers, fijngehakt
- 3 Groene ui, fijngehakt

Routebeschrijving:

a) Gehaktballetjes: Snijd 12 waterkastanjes fijn. Bewaar de overige voor garnering. Meng het varkensvlees, de gember, de gehakte waterkastanjes, de sojasaus, het maizena, het zout en de peper. Meng goed en vorm balletjes met een diameter van $\frac{3}{4}$ inch.

b) Soep: Breng de groentebouillon en kippenbouillon aan de kook in een grote pan. Doe een vierde van de gehaktballetjes in de bouillon en pocheer tot ze naar boven komen stijgen.

c) Breng op smaak met zout en zwarte peper. Zet het vuur middelhoog. Voeg de waterkers en groene uien toe.

d) Kook, onafgedekt, een paar minuten tot de waterkers enigszins verwelkt is.

100. Deense gehaktballetjes met komkommersalade

Ingrediënt

- 1½ pond Gemalen kalfs- en varkensvlees
- 1 Ui
- 2 eetlepels Meel
- 2 eetlepels Broodkruimels ; droog
- 2 Eieren
- Zout peper

Voor komkommersalade

- 1 Komkommer
- 2 kopjes Azijn
- 2 kopjes suiker
- 2 kopjes Water
- Zout peper

Routebeschrijving:

a) Doe het gemalen kalfs- en varkensvlees in een kom, voeg het ei, de bloem en het droge broodkruim toe.

b) Meng alles door elkaar en meng de fijngehakte ui erdoor. Voeg naar smaak zout en peper toe. Doe boter in een hete koekenpan.

c) Gehaktballetjes bakken. Serveer met Deens bruin brood en boter en komkommersalade.

CONCLUSIE

De meesten van ons associëren gehaktballen met de klassiekers van de Italiaans-Amerikaanse keuken: langzaam gestoofde marinarasaus die de naar oregano geurende balletjes bedekt, opgestapeld op spaghetti. Maar gehaktballen komen ook voor in de keuken van andere culturen, van het Midden-Oosten tot Zuidoost-Azië. Een gehaktbal maakt immers vaak gebruik van minder wenselijke stukken vlees – stukken vlees die fijngehakt moeten worden en een hele reeks toevoegingen om er goed van te kunnen genieten – en dus hebben koks over de hele wereld zich gerealiseerd dat ze een ideale manier zijn om extra stukken taai vlees te gebruiken. , vette varkensschouder.

Welke smaken je momenteel ook verlangt, kan waarschijnlijk worden aangepast aan de formule van vlees, brood, ei en zout. Voor een gehaktbal heb je het vlees zelfs niet eens nodig. Wij hebben een veggiebal waar wij echt trots op zijn!